[美]博恩·崔西（Brian Tracy） 著

麦秋林 译

商业战略

设定清晰目标，完善战略规划

BUSINESS STRATEGY

中国科学技术出版社

·北 京·

Business Strategy by Brian Tracy.
Copyright © 2014 Brian Tracy.
Original English language edition published by arrangement with HarperCollins Leadership, a division of HarperCollins Focus, LLC.
Simplified Chinese translation copyright ©2020 by China Science and Technology Press Co., Ltd.
All rights reserved.
北京市版权局著作权合同登记　图字：01-2021-5242。

图书在版编目（CIP）数据

商业战略 / (美) 博恩·崔西著；麦秋林译 . —北京：中国科学技术出版社，2021.10

书名原文：Business strategy

ISBN 978-7-5046-9200-9

Ⅰ . ①商⋯ Ⅱ . ①博⋯ ②麦⋯ Ⅲ . ①企业战略 Ⅳ . ① F272.1

中国版本图书馆 CIP 数据核字（2021）第 195947 号

策划编辑	杜凡如　褚福祎	**责任编辑**	陈　洁
封面设计	马筱琨	**版式设计**	蚂蚁设计
责任校对	张晓莉	**责任印制**	李晓霖

出　　版	中国科学技术出版社
发　　行	中国科学技术出版社有限公司发行部
地　　址	北京市海淀区中关村南大街 16 号
邮　　编	100081
发行电话	010-62173865
传　　真	010-62173081
网　　址	http://www.cspbooks.com.cn

开　　本	787mm×1092mm　1/32
字　　数	57 千字
印　　张	5.5
版　　次	2021 年 10 月第 1 版
印　　次	2021 年 10 月第 1 次印刷
印　　刷	北京盛通印刷股份有限公司
书　　号	ISBN 978-7-5046-9200-9/F·949
定　　价	59.00 元

（凡购买本社图书，如有缺页、倒页、脱页者，本社发行部负责调换）

前言
PREFACE

不管是在工作,还是在生活中,我们都会遇到很多转折点,这些转折点会对生活、工作产生重要的影响。二十多岁的时候,我意外地接触到"目标"这个概念。此后一个月内,我的生活永远改变了。

多年以来,我一直在研究"目标"的意义,从而了解到它对于商业成功和个人成功是何等重要。其中一个令我惊讶不已的发现是:在各种各样的企业和行业中,只有不足 3% 的人拥有具体明确、有时间限制的人生目标,并且能将其写到纸上,同时每天为此努力奋斗。

商业战略
BUSINESS STRATEGY

随着自己开始执行设定的生活目标,每天朝着目标努力奋斗,我感受到由此带来的无与伦比的变化,也对战略产生了浓厚的兴趣,尤其是商业战略,也就是真正意义上的商业目标设定。多年以来,我一直在研究军事史上的伟大领导者们是如何运用战略思维来取得卓越胜利的,事实证明,有时他们也需要克服种种艰难险阻。

在过去的三十多年里,我曾与一千多家世界大型的集团公司以及一万多家中小型企业共事。在这个过程中,战略规划及其对企业所产生的影响让我颇感兴趣。

我发现大部分公司根本没有战略规划。他们有预算、有销售计划、有运营规划,有希冀、有梦想、有抱负,可对公司的未来以及实现未来目标的决定

前言 Preface

因素和方式,却没有清晰的认识。也就是说,几乎没有几个公司拥有真正意义上的战略规划。

商业模式创新

我们所处的这个时代,是史上变化最快、最无可预测的时代。有些方式方法对于某些公司长久以来很有效,可到如今却不再有用。这种商业环境的变化,导致百视达公司(Blockbuster Inc.)[1]、博德

---

[1] 一家以家庭电影和视频游戏租赁服务为主的美国基础供应商。2004年高峰期,公司拥有60000名员工和超过9000家门店。2010年9月23日该公司申请破产。——译者注

商业战略
BUSINESS STRATEGY

斯书店（Borders Books）❶ 等市场领军者在短短几年就走向破产。

今时今日，商业模式创新已经成为决定商业成败的热门主题之一。专家们认为，现今有 80% 的公司还采用已过时的商业模式挣扎着生存与发展下去。例如，报纸、杂志等各种传统媒体，它们现在简直深陷泥潭。

▶ 最重要的工作

你要做的最重要的工作是什么？答案是"思考"。

---

❶ 一度是美国第二大连锁书店，但在 2011 年申请破产。——译者注

前言 Preface

你要思考清楚自己的身份、自己的所求，以及如何为自己的公司创造灿烂的未来。思考的能力比什么都重要。在本书中，我会与你分享一些强大、实用、重要的"战略规划"思想，希望能帮助你学会如何更好、更清晰地思考，为公司的未来做出比以前更好的决策。

针对我分享的每一个想法或见解，你都可以产生自己的想法，考虑自己该如何立即采取行动，以获得更好的结果。你会看到自己在处理公司业务上的变化或进步，效果是立竿见影的。不管你管理的是只有一个人的小团队还是国际性大公司，当你和身边的人一起将商业战略原则付诸实践时，你们会发现自己在几年内所取得的成就要比那些没有这个能力的公司在 5 年或 10 年内取得的成就还要卓越。

商业战略
BUSINESS STRATEGY

运用战略思维来思考，依据战略思维来行动，你就能提高公司的盈利能力，自身也能从公司的成就和自己的工作中获得更大的满足感，同时还能提升公司各个层面的质量及市场渗透能力。更重要的是，你会觉得自己牢牢掌控着个人及公司的命运。如此，当你每隔一两年回顾公司的发展历程时，你会说："这正是我想要实现的目标。"

目录
CONTENTS

第一章　引入战略：亚历山大大帝　　　　　　　　/ 001
第二章　有效战略原则　　　　　　　　　　　　　/ 013
第三章　关于战略规划的五个问题　　　　　　　　/ 023
第四章　制定战略的关键人员　　　　　　　　　　/ 030
第五章　价值观、愿景与目的　　　　　　　　　　/ 036
第六章　明确企业使命　　　　　　　　　　　　　/ 047
第七章　创造未来　　　　　　　　　　　　　　　/ 053
第八章　战略的变量领域　　　　　　　　　　　　/ 064
第九章　驱动力：战略的关键　　　　　　　　　　/ 071
第十章　战略规划的四大原则　　　　　　　　　　/ 081
第十一章　专注你之所长　　　　　　　　　　　　/ 088
第十二章　进入相邻商业领域　　　　　　　　　　/ 097
第十三章　学会放弃　　　　　　　　　　　　　　/ 102

商业战略
BUSINESS STRATEGY

第十四章 零基思考法	/ 107
第十五章 采取攻势	/ 116
第十六章 灵活则胜	/ 126
第十七章 创造新市场	/ 133
第十八章 选择性竞争	/ 140
第十九章 全员参与	/ 146
第二十章 组织构架的重要性	/ 154
第二十一章 战略制定与执行的五个阶段	/ 159

第一章
引入战略：亚历山大大帝

在本书的开始，让我先来介绍一下史上最厉害的战略家之一，亚历山大。从某种意义上说，他从一个庞大组织的缺乏经验的管理者开始，通过自身的努力一步步达到权力的顶峰。

亚历山大非常崇拜他的父亲，成长过程中受父亲教导，深得其道。他拥有远大的抱负，梦想构建一个庞大的组织——比父亲管理的组织还要庞大得多的组织。

这位亚历山大就是马其顿王国的国王，也就是

众所周知的亚历山大大帝。他是第一个被世人称为"大帝"的人。在人类历史上，获得此称号的人可谓凤毛麟角。

▶ 意外晋升

亚历山大的父亲在亚历山大 20 岁的时候被谋杀了。于是，亚历山大成了马其顿王国的国王。

马其顿的族人强悍、顽强、好斗，在腓力二世也就是亚历山大的父亲的统领下，他们基本完成了希腊本土的统一。

亚历山大的敌人不计其数，有来自自己家族的，也有来自自己军队和父亲军队的，还有来自希腊其他部落的，在战略规划概念中，这些人也可称为亚

第一章
引入战略：亚历山大大帝

历山大的王位"市场竞争者"。登上王位不久，亚历山大就经历了多次阴谋与叛变，或是内部的人想要杀掉他取而代之，或是外部的人想将希腊各城邦从马其顿的统治中解放出来。

▶ 掌握指挥权

面对内外交困的局面，亚历山大牢牢地握住指挥权。他首先平息了内部的动乱，击败各种反对势力；然后快速重整军队，调兵遣将，率军出征，并取得重大胜利。在取得这些卓越的胜利之后，年仅 21 岁的亚历山大获得了大家的认可，逐步使马其顿王国成为当时世界上陆地面积最大的国家，他成为整个希腊的统帅。

商业战略
BUSINESS STRATEGY

就像所有战略规划者一样,亚历山大身负使命——将希腊文化带到当时他所知的世界;而他的长期战略规划则是征服所有国家,将它们纳入希腊的统治范围。

▶ 兼并战略

亚历山大非常聪明,他并没有扰乱自己征服的王国的正常秩序,而是采用兼并战略。对于不战而降的王国,它们还可以继续存在下去,也依旧保留其统治者,只要求它们每年向希腊进贡,就像缴纳公司所得税一样,但会受希腊和马其顿王国的庇护。

同时,亚历山大并没有止步于此。他邀请被征服的王国的士兵加入他的军队,一起去征服其他王

第一章
引入战略：亚历山大大帝

国，共享从中得来的奖励。

随着亚历山大不断南征，他进入中东地区，越来越多的王国和部落臣服并加入他的队伍。他们没有做出丝毫的反抗便屈服了，成为亚历山大大军的一部分。

主要竞争对手

可还存在一个问题，在亚历山大向外开拓的征途中，主要竞争对手是当时最强大的波斯帝国。这个当时最大的帝国由大流士三世（Darius）统领，幅员辽阔，涵盖整个中东地区及地中海地区，一直延伸至今日的巴基斯坦和印度。当大流士三世听闻有个22岁的将军统领着一支希腊军队侵入他的帝国时，他感到很是恼火。

后来，大流士三世意识到亚历山大会成为第一个真正威胁到自己权力的人。他迅速派遣一支50000人的军队去抵御亚历山大率领的22000名士兵，并要求他们一举拿下这位新崛起的统帅。

亚历山大料想到大流士三世会采取此种策略，便采用迂回战术带兵绕开了前来阻击他的军队。

听到这个消息后，大流士三世说："现在情势十分严峻。这是我有生之年面对的最大威胁，必须加以应对，否则整个波斯帝国都将面临威胁。"

竞争对手的反应

大流士三世也十分精于谋略。他派出使者，前往波斯帝国境内数十个不同的部落，命令他们派出

第一章
引入战略：亚历山大大帝

最善战的军队到高加米拉集结。由此，他召集了世界上最庞大的军队——几近百万的大军。在历史上，直到第二次世界大战，从来没有一支如此庞大的军队在一个地方集结。

当亚历山大听闻大流士三世在高加米拉集结如此庞大的军队后，他便即刻拔营，率领不足50000人的军队向大流士三世的军队挺进。他们到达的速度之快，让波斯大军不由得大惊。第二天，两军展开了史上最大规模的战役。

计划的重要性

亚历山大非常善于沟通。在开始战斗的前一天晚上，他将所有将领召集到火堆旁，向他们清楚地

商业战略
BUSINESS STRATEGY

讲述第二天的计划。他解释到,大流士三世的军队不是一支真正意义上的军队,而是由一些大大小小、来自波斯帝国三十个不同部落的士兵和雇佣兵队组成的,这些士兵语言不同、文化不同、战斗命令不同、宗教仪式不同、军事构架也不同,唯一的共同之处就是对大流士三世忠心。然而,如果第二天大流士三世发生不测,剩下来的军队绝不会留下来为彼此而战;相反地他们会分崩离析,四处逃散。于是他制订的计划是:直接进攻波斯军队的核心,杀掉大流士三世。

▶ 掌握主动权

战斗当天,大流士三世将队伍一字排开,宛如

第一章
引入战略：亚历山大大帝

一堵人墙——百万大军往前推进，准备将亚历山大的军队压垮、碾碎。

亚历山大的军队排列则有点不同。他运用了此前战场中从未见过的"梯形队形"战略。他没有让自己的军队直接对上大流士三世的一字队形，而是排出一个角度，直插大流士三世军队的中心，让军队拥有更强的机动性。

战斗开始前，亚历山大观察具体形势后，命令军队开始往右边地势崎岖的区域推进。在这种地形区域里，他的步兵和骑兵具有优势，而大流士三世的战车则不容易发动进攻。

当亚历山大将队伍向旁侧挺进时，大流士三世有点不知所措，于是他也命令自己的军队也向旁侧推进，继续保持正面对抗亚历山大的军队。然而，

大流士三世的这一命令让其军队上下感到有些困惑。大流士三世命令第一排的队伍——战车队伍——向亚历山大的军队发出进攻，然而迎接他们的是亚历山大军队的标枪雨；大流士三世军队的战车不是被毁损，就是失去了战斗力。混乱之中，亚历山大的大军继续往右侧挺进。而大流士三世的军队也继续转向右侧，企图与亚历山大的军队保持平行。忽然之间，大流士三世军队的前线被撕开了一个口子，缺口靠近正在指挥战斗的大流士三世。

　　亚历山大看到此刻正是关键时刻。混乱的战场和失控的战车卷起的灰尘让他占有绝对优势，他意识到自己的机会来了，于是转向近卫骑兵说道："来吧！让我们去杀了大流士三世！"然后，他们直接冲进大流士三世军队的中央。这是个绝妙的战略。大

第一章
引入战略：亚历山大大帝

流士三世的军队中，只有一小部分士兵能正面对抗亚历山大的进攻，而剩余的几十万士兵却赶不及支援。

▶ 出其不意

在亚历山大的率领下，马其顿骑兵冲破波斯军的前线，直击大流士三世的指挥所。大流士三士大吃一惊，他完全没有料到亚历山大会直接向他攻来。于是慌乱之中跳上一匹战马，在高级军官的护卫下逃离战场。

由于混乱和战车卷起的灰尘，剩余的波斯士兵根本不知道发生了什么。可流言马上散布开来：亚历山大突破大军核心，大流士三世逃了。

正如亚历山大先前所言，波斯大军开始分崩离

析，士兵四处逃窜。这一切都在他的预料之中，于是他下令军队向前挺进，他的主力军——著名的携剑持矛"方阵"，像割草机一样压过大流士三世的大军，大流士三世的军队彻底溃败。

伟大的战略改变了世界

烽烟过后，大流士三世折损将士近40万名，成为人类历史上惨烈的战役之一。而亚历山大统领的军队只损失了1247名将士。年仅23岁的亚历山大也成为无可争辩的优秀统治者。

第二章
有效战略原则

你可能会疑惑,为什么我会花这么多时间在本书的第一章给你讲述亚历山大大帝和高加米拉战役的故事。那是因为这是一个关于杰出战略带来伟大胜利的著名故事,这场胜利让亚历山大成为当时世界上最有权势的人。这场战役中展现的军事战略同样适用于企业。

事实上,根据二八定律,不管在什么行业,20%的企业赚取的利润占行业总利润的80%甚至以上。究其缘由,这些企业均拥有经过深思熟虑的战

商业战略
BUSINESS STRATEGY

略,而这些战略蕴含着上章所述战役中展现出来的每一条关键原则。若其中任何一条关键原则没有付诸实践,或者实践失败,都会导致军队或企业失败,这种情况已经发生过无数次。

目标原则

这是第一条战略原则。无论企业大小,要想取得伟大的胜利,都必须对自己的宗旨和目标有清晰的认识。这就要求企业必须确切地知道自己要取得什么成绩,以及如何去做。

在《经济学人》(*The Economist*)刊载过的一项研究中,150位研究人员花了20年时间对来自不同国家的22000家公司进行研究。研究人员得出的

第二章 有效战略原则

结论是：最有效、最高效、盈利最多的往往是那些花时间为公司及公司中的每个人设定明确目标的公司。员工完全清楚老板期待他们取得什么成就以及何时取得，而老板有清晰的评测标准用来衡量员工在实现商定目标方面的进展。

亚历山大大帝完全清楚自己要取得什么成就——成为世界的主宰。他也清楚要成为世界的主宰者，首先要征服波斯大军，而征服波斯大军的关键在于杀掉大流士三世。对于这场发生在高加米拉平原上的战役，亚历山大和他的整个军队完全清楚自己的目标。

进攻原则

拿破仑曾经说过："没有一场伟大的战役是靠防

守取胜的。"

要想在商业上取得成功,你必须积极主动。你必须发起进攻,并像亚历山大大帝那般"持续进攻":不断推出新产品、新服务、新流程和新商业模式。

在高加米拉战役中,亚历山大大帝深知要战胜一个如此庞大的敌人——一支人数是己方军队20倍的大军,必须主动发起进攻,永不松懈。这一策略让他在短暂而辉煌的军旅生涯中赢得这场伟大战役的胜利。

集中原则

在每一场伟大的战役中,亚历山大大帝都在关键的时间点集中所有军力在关键的地点来实现战略

第二章 有效战略原则

目标，进而取得胜利。

在高加米拉战役中，亚历山大大帝没有将自己的军队与大流士三世的大军正面对抗，而是让队伍保持紧凑的梯形队形。这种阵形让队伍可以快速移动，以寻求进攻机会，当大流士三世的战线被撕开口子时，机会就出现了。

尽管大流士三世的军队在人数上远超亚历山大的军队，但是亚历山大明白只要让自己6000名近卫骑兵直插敌军的心脏，就会像向目标狠狠地投掷出一把标枪一样，让大流士三世惊慌失措，就算不能把他杀掉，也能把他赶出战场。而大流士三世真的逃离了战场。

在商业上，集中原则就是要求你能把握某种产品的定位，并据此集中所有力量于该产品的质量和服务上，从而使其在市场上立足，然后再考虑向其

他产品、服务或市场拓展。

▶ 机动原则

在战场上,这个原则指的是保持灵活机动,随时准备根据敌军的动向改变作战计划。所有伟大的战役都是关于机动的战役,都是统帅巧妙地调兵遣将,通过将人员与资源做调整以获得"竞争优势"的。

面对无比庞大的敌军,亚历山大通过队伍阵形的改变,最大限度地保持了军队的机动性。除了位于大军头部和中心的近卫骑兵外,他将大量的骑兵队排在两侧。当大流士三世的军队因正面进攻而逐步瓦解时,亚历山大的其他士兵做好准备,以弧形路线,向大流士三世大军的整条战线发动进攻,逼

第二章 有效战略原则

迫大军后退,最终陷入混乱而败退。

商业上的机动原则指的是通过创新和创造力找寻更好、更快、更低成本的方式来为客户服务和销售产品,以实现更高的盈利水平。要在商业上保持这种灵活机动性,你必须始终保持公正、客观,勇于对现状提出质疑。

一致行动原则

这条原则要求大家像一部润滑良好的机器,通力合作,共同实现约定的宗旨和目标,通常这也被称为"凝聚个体作用"。这个原则意味着:无论何时何地,每个人都能同心协力、彼此支持、分享资源,从而确保团队取得胜利。

商业战略
BUSINESS STRATEGY

在军事史上,很多例子表明,人数较少但组织严密的军队也能打败庞大但无法协同一致的队伍。亚历山大大军正是如此。他们纪律严明,像顶级运动员一样训练有素,在战场上如一个统一的整体般肩并肩展开战斗,在彼此需要时迅速呼应。

在商业上,最优秀的公司拥有最士气昂扬、团结一致的员工。他们视自己为公司、团队的组成部分,使用"我""我们"这样的词语把公司视为自身的一个自然而然的延伸,也从来不会有"这不是我的工作"这种想法。

攻其不备原则

在身为统帅的人生中,亚历山大大帝不断运用

第二章
有效战略原则

"攻其不备"这个武器让对手猝不及防。他总能让对手措手不及,从不做大家认为他会做的事情,从不去进攻大家认为他会进攻的地方,也从不按对手期望的那般排兵布阵。

在商业上,攻其不备原则意味着你要一直想方设法,在产品、服务、流程、营销策略和技巧、销售方法、提供产品服务的新技术等方面开发有别于竞争对手的新思路,打造自身的竞争优势。

开拓原则

一旦你取得了战斗的胜利,赢得了市场,在竞争中取得了突破,获得了市场主导地位,就必须做好准备,快速转入开拓新市场。激励人心的演说家、

商业战略
BUSINESS STRATEGY

企业家吉米·罗恩（Jim Rohn）常说："一棵树能长多高，完全取决于它的能力。"

你能销售多少产品也由你的能力所决定。你必须立刻行动起来。竞争对手正在看着你，随时准备着尽可能快地侵入你的市场。你必须占据并坚守市场优势且永远不能松懈。

当你以更完美的产品、服务或营销技巧赢得市场优势时，你一定要把这种优势发挥到极致。你要知道，在当今这个时代，竞争对手会比以往更加迅速地复制你的模式，或者做出削弱你的优势的事情。你不能犹豫，在可能的情况下必须勇往直前，占有尽可能多的市场份额。

第三章
关于战略规划的五个问题

关于管理能力的理念层出不穷,有些理念取得过非常大的成功,有些则没有那么成功。可有一种理念却一直重要,那就是制定清晰可行的战略规划,它会让你在市场上拥有竞争优势。原因在于以下四点:

(1)提升股权收益率(Return on Equity,简称ROE)。这是指利用股东、他人或你投入企业的本金挣更多钱。股权指的是股东个人投入的本金数额。股权收益率有别于投资收益率(Return on Investment,简称ROI),投资代表的是投入的总金

额。所以制定战略规划的第一个原因就是用你和他人投入企业的资源赚取更多的钱。

（2）为公司重新定位。你可能会发现自己的企业、产品或服务遭受到竞争对手的攻击，于是不得不为公司重新定位，带着新产品、新服务，运用新技术去开拓新市场，就像苹果公司一样。

（3）最大化地利用自己的实力和外部机遇。审视一下你最擅长的是什么、市场的关键机遇在哪里，然后迅速行动，利用它们。

（4）拟定即时决策的基础。其实，制定战略的目的无外乎就是做好准备，采取不同于没有这个新战略情况下的行动。

战略规划绝非被动行为，而是对实现目标的行动步骤进行深思熟虑的过程。

第三章
关于战略规划的五个问题

亚历山大大帝对战略的运用绝非被动或理论上地运用,而是完全指向行动。他绝对是个精于行动的人。

在制定战略规划的过程中,你可以反复提出以下五个问题并做出回答。

■评估当前形势

你要考虑的第一个问题是:"我现在处于什么位置?"这要求你认清你的公司、客户、市场、竞争对手,以及你在财务上的优点和弱点。关于当前形势的准确分析是所有战略的起点。

■重新审度过去

第二个问题是关于你的过去,即回顾你的历史:"我是怎样走到今天这一步的?"你可以回想一下几年前,甚至是创业或职业生涯之初,采取过哪些关键的步骤;哪些事情你做对了,哪些事情做错了;

得到了什么教训；从创业开始，发生了哪些变化（承认一切都变了）；哪些重要的事件，无论好坏，让你走到今天这一步的；等等。

■创造完美未来

在制定战略的过程中，第三个问题是描绘完美的未来："我将来想成为什么样的人？"从现在开始，一年、两年、三年、五年甚至十年之后，你想走到哪个位置？你的个人目标是什么，公司目标又是什么？你要基于现在所处的位置，清楚地描绘出自己的完美未来以及如何才能抵达目标位置，这一点至关重要。

■为下一步行动做好准备

第四个问题是："我要如何抵达？"即你如何通过自己的员工、资源和正在开拓的市场，从今天的

第三章
关于战略规划的五个问题

位置抵达未来想要到达的位置。

要回答这个问题,我最喜欢用的办法是召开头脑风暴或思维风暴会议。在头脑风暴中,你要激励每个人贡献想法,为"我们要怎么做才能为公司创造完美的未来?"这个问题找出至少 20 个答案。

在进行头脑风暴时,你可以在纸张顶部写下问题,然后鼓励自己想出 20 个答案。这也是一种找寻实现目标的办法的实用方法。

■列清单

第五个问题是:"我还需要什么?"也就是说,为在未来实现战略目标,你还需要什么额外的技能、资源或资金?

在这种情况下,你能使用的最强大的工具是一张简单的清单,上面列着所有你必须要做的事情,

商业战略
BUSINESS STRATEGY

以及从今天开始实现未来目标所需的每一个步骤。

▶ 闪光的基石

1959 年,当文斯·隆巴尔迪(Vince Lombardi)❶成为绿湾包装工队(Green Bay Packers)❷首席教练时,有人问他:"你打算如何改变这支球队的运作方式?是否会引入一些新的战术和想法?"他回答说不会对球员、球场或训练安排做出任何改变。而这也

---

❶ 文斯·隆巴尔迪(1913—1970):美国著名橄榄球教练。美国职业橄榄球大联盟的奖杯以他命名,也称为"超级碗"杯。

❷ 美国的一支橄榄球队。文斯·隆巴尔迪曾带领绿湾包装工队获得了第一届和第二届"超级碗"冠军。——译者注

第三章
关于战略规划的五个问题

成为他伟大成就的基础,可谓是"闪光的基石"。

要在战略规划和商业上取得成功,你必须让战略规划成为你"闪光的基石",通过不停地提出正确的问题并给出答案,你就能做到这一点。

第四章
制定战略的关键人员

每次当我为公司组织战略规划会议的时候，首先要问的一个问题是："谁参加？"

对这个问题最简单的回答是每个负责实施此战略的人都应该在第一时间介入其制定过程。

公司的首席执行官、财务总监、董事长或者任何一个最终负责战略实施的人都应全程参与，这也至关重要。并且相关人员必须签署战略文件，批准战略方案，并做出必要的最终决定，为战略的实施分配时间、人员和资源。

第四章 制定战略的关键人员

总裁的力量

前不久,我为一家大型石油公司组织了一个为期三天的战略规划会议。公司总裁全程参加了这三天的会议,仔细聆听了每个人的发言,最后还表达了自己的观察体验和评论。

三天会议结束时,参会的每一个人对公司、对彼此都产生了更多的凝聚力和投入感,都觉得自己对他们共同讨论制定的战略规划的成功实施负有责任。此后,这家公司继续发展,成为世界上规模很大、利润很丰厚的公司之一。

商业战略
BUSINESS STRATEGY

▶ 失败的领导者

在另一个例子中,一家价值十亿美元的公司的董事长曾请我去主持其战略规划会议。但这位公司创始人的后人——有权赞同或否定高管们提出的任何意见的董事长却拒绝参加会议,并认为这是浪费时间。

我们在一家度假酒店度过了紧张而愉快的三天,为这家全国性的大公司讨论并制定了一套相当出色的战略规划。若将规划付诸实践就能让其在竞争激烈的市场上赢得优势。每个参与会议的人都对这个规划感到兴奋不已,承诺要让它成为现实。

可会议之后,当总裁向董事长介绍新规划的时候,这位拥有最终决策权的人却以"太耗费时间"为由否定了规划。他告诉总裁他完全有能力为公司

第四章
制定战略的关键人员

的未来做出一切必要的战略决定。当众人得知董事长的反应之后,所有要将战略规划付诸实践的热情都消失了。员工就像泄了气的气球一般,公司又回到了"用同样的老办法做着同样的事情"的老样子。

几年之后,这家原本充满活力的公司——深受客户和竞争对手的赞赏和尊敬,在弱肉强食的竞争中失败了,最终破产。

谁来实施规划?

具体执行者也需要参与战略规划的制定。这些人很关键,战略的实施离不开他们的合作与参与。他们通常是公司的高级主管,管理着公司的主要部门及其运作。他们在制定战略的过程中参与度越深,

商业战略
BUSINESS STRATEGY

便越有可能有效地将战略规划付诸实践。

在人际互动中，有个简单的规则：人们花在行动方案上的讨论和提问上的时间与其对执行所制订方案的投入程度密切相关。他们对行动方案讨论得越多，执行时就会越投入，并且越能取得成功。

你需要外部帮助

战略规划不是你可以独自完成的工作，就像看病、打官司一样。你需要别人的帮助，这个人要客观、学识渊博，对不同的行业有所涉猎，对战略规划有研究、有经验。

当你制定战略规划时，你需要有人参与进来，督促你、帮助你。他会花时间全方位了解你的公司

第四章
制定战略的关键人员

和员工,了解你所处的市场和竞争环境,以及你此时此刻面对的商业形势。正如人们所说:"为自己辩护的律师不是一个好律师。"同样,企图靠自己制定战略规划的管理者可能也不是一个好的管理者。

选择正确的环境

在制定战略时,除了选择确定参会的关键人员以外,还要选择在合适的环境里进行。制定一套优秀的战略规划需要连续投入 2~4 天的时间,因此最好是在公司之外找个大家可以完全切换自己的思维、不会被打断的地方。

最好的地点是远离城市的度假酒店,大家在这种环境里不会分心,会全神贯注地思考公司的未来。参会者思考的质量和做出的贡献与其思考的时间成正比。

第五章
价值观、愿景与目的

商业上有句名言："在做任何事情前，你必须做好充分的准备。"

在制定战略规划的过程中，你首先要做的是针对企业的基本原则进行思考并让员工形成共识。

起点就是从"价值观"的角度来思考你所支持和信奉的是什么，以及它们有什么价值。

价值观是企业的基本原则。它们会告诉你该支持什么，不支持什么。当你做决策或者在业务上做任何事情时，它们都会给你指导和指引。

第五章
价值观、愿景与目的

▶ 财富 500 强

诺曼·文森特·皮尔（Norman Vincent Peale）[1]和肯·布兰查德（Ken Blanchard）[2]在其合著的《道德管理的力量》（*The Power of Ethical Management*）一书中列出了 500 家公司，并称之为"财富 500 强"。他们在书中声称：这些公司拥有清晰的、以文字形式呈现的价值观和原则，而且是大众共享的。另外

---

[1] 诺曼·文森特·皮尔：世界著名演讲家、作家，被誉为"积极思考的救星""美国人宗教价值的引路人"和"奠定当代企业价值观的商业思想家"，曾获得里根总统颁发的美国自由勋章。

[2] 肯·布兰查德：美国著名商业领袖，当代管理大师，情景领导理论的创始人之一。

商业战略
BUSINESS STRATEGY

一些公司虽然也拥有价值观,但其没落到纸面上或者并非众人共享。相较于后者,500强公司能够持续获得更丰厚的利润。

在美国,大多数成功的公司都对自己的价值观有着非常清晰的认识。世界上最成功的人似乎都对自己的价值观有着清晰的认识,拒绝为任何短期的收益或优势做出价值观上的妥协。

IBM(International Business Machines Corporation,美国国际商业机器公司)[1]就是一个很好的例子。一直以来,它始终被评为世界上受赞赏的公司之一。自托马斯·J.沃森(Thomas J.

---

[1] 于1911年创立,是全球著名的信息技术和业务解决方案公司。——译者注

第五章
价值观、愿景与目的

Watson)创建 IBM 起,这个公司的价值观始终是"卓越的产品、卓越的客户服务、尊重个人",并始终围绕这三个原则来管理。它在世界市场上的成功和良好声誉证明了它对其价值观的实践与落实。

▶ 你的价值观是什么?

当我们主持战略规划会议时,首先要就公司所坚持的价值观及其优先顺序达成共识,同时还要就如何在公司日常运作中践行这些价值观达成共识。

公司最普遍的价值观包括诚信、质量、客户服务、创新、创业精神和创造利润等。

你可以自问以下问题:公司的价值观是什么?质量有价值吗?卓越的产品服务有价值吗?善待员

工有价值吗？市场主导地位、创新有价值吗？基本是非观是什么？

▶ 其他人会怎么说？

如果你在公司员工中展开调查，询问他们："公司支持和信奉什么价值观？"他们会怎么说？员工对公司的价值观有清晰的认识吗？是否一致认同这些价值观？或者说是否存在分歧？

如果你对客户进行调查，询问他们："本公司的基本价值观是什么？"客户会怎么说？

你的价值观只会且始终会体现在你日常的行动和行为中，尤其是在重压之下采取的行动和表现的行为。只要观察一个人的行为或者一家公司的行动，

第五章
价值观、愿景与目的

及其在危机时的表现,你就能够知道他们真正信奉和支持的是什么。这就是一个人或一家公司的价值"试验石"。

价值观造就坚实的基础

我的一个客户曾是一家刚成立的公司,需要尽快确定自己的价值观。于是,公司的主管团队聚在一起,选出从"正直"到"盈利"等五个价值标准。然后他们就价值声明——一个关于公司如何将每个价值付诸实践的句子达成一致,并将其印到卡片上,分发给每一个员工。这些价值标准也成为公司的基本运营原则。公司的主管每次要做决定时,都会拿出"价值观卡片",讨论他们应该如何根据自己承诺

的价值观行事。

虽然这家公司面对的竞争非常激烈,但几年之后,它成了业内领军者。

你的愿景是什么?

你一旦清楚了价值观,接下来就要花点时间来展望未来。如果公司的每一步都走得很完美,那么它未来将会是什么样子?有时候,我喜欢把愿景称为"5年幻想"。你的5年幻想是什么样的?

用最简单的话来说,一个公司最能起作用的总体愿景是"成为最棒的",要制造出卓越的产品、提供卓越的服务、与客户保持卓越的关系,不管是在领导力和管理层面,在员工心中,还是在客户印象

第五章
价值观、愿景与目的

和市场声誉方面,都是最棒的。

现代管理学之父彼得·德鲁克(Peter Drucker)曾经说过:"哪怕是诞生在餐桌上的企业,若没有成为世界领导者的梦想,那么永远不可能取得伟大的成就。"你的梦想也应该是成为世界领导者,那么为了实现这个令人兴奋的未来愿景,你必须立即采取什么行动呢?

客户会怎么说?

你认为理想愿景中的客户是什么样子?你希望客户如何看待你的公司?这就要求你要站在外人的角度、客户的角度,以及与公司有关的人的角度来审视自己的公司。当他们使用你的产品和服务,跟

商业战略
BUSINESS STRATEGY

别人谈论和分享时,你希望他们怎样描述你的公司?考虑清楚这个问题是你确定公司价值观和愿景的起点。

美国哈佛商学院的西奥多·莱维特教授[1]曾说,一个公司最宝贵的资产是声誉,也就是"别人如何看待你的公司"。

声誉将决定你的客户、竞争对手、供应商和普通大众如何谈论你的公司、你的产品和服务。

今天他们会怎么说?你希望未来他们会怎么说?从今天开始,你能做什么来确保公司内部和外部的

---

[1] 西奥多·莱维特(Theodore Levitt)(1925—2006):现代营销学的奠基人之一,曾经担任《哈佛商业评论》的主编。

第五章
价值观、愿景与目的

人员以某种特定的方式来看待你、谈论你呢?

▶ 从旁观者的角度看待问题

你可以考虑以下几个问题:你的员工如何向别人描述你的公司?他们如何向别人描述自己的工作?你为他们提供了什么样的工作环境?他们表现如何?你创建的公司是什么样子的?如果用一段文字来描述你的公司,你最希望这段文字会是什么样子的?

最后,如果你想把公司在未来变成别人眼中的样子,要怎么做?尤其是,你要清楚别人对你的看法能起什么作用,关于你公司的哪种描述最能帮助公司发展业务从而慢慢成为市场领军者。

商业战略
BUSINESS STRATEGY

明确目的

目的就是理由。为什么你要这样做？公司服务于什么伟大的目的？你对他人，尤其是你的客户和员工，产生了什么样的重大影响？

尼采（Nietzsche）曾写道："只要有充分的理由，人可以承受一切。"

你在生活或生意上的目的几乎总是体现在你为改善或丰富他人的工作、生活而采取的行动中。

你的目的会在清晰明确的价值观和愿景中自然流露出来。你可以用目标来向自己和别人解释：对于你来说，什么是重要的，生活中什么东西可以激励你。

第六章
明确企业使命

一旦确定了企业的价值观、愿景和目的,下一步就是明确企业的使命。这是商业战略中必不可少的组成部分。

亚历山大大帝的使命很明确,就是要将希腊文化和希腊文明传播到当时他所知的全世界。为完成使命,他深知自己必须克服重重困难。

要在商业上取得成功,就必须克服巨大的竞争阻力,清晰度更是至关重要。你必须清楚自己的价值观、愿景、目的和使命。

商业战略
BUSINESS STRATEGY

▶ 用定性的方式来明确使命

使命宣言一般都是定性的,而非定量的。它不会是"挣很多钱",或者"提高盈利能力";而应该是指向外部的,声明你要怎样帮助和改善客户的生活。

美国通用电气公司(General Electric Company,简称GE)的使命宣言是:"一家独特而充满活力的创业型企业,每个业务领域的产品均在市场占据主导地位,并以其无与伦比的卓越品质和强劲的盈利能力而闻名于世。"

通用电气公司将这份使命宣言作为其行动的动力,不断发展成为历史上成功的公司之一。在前任董事长兼首席执行官杰克·韦尔奇(Jack Welch)及

第六章
明确企业使命

现任董事长兼首席执行官拉里·卡尔普（Lawrence Culp）的领导下，通用电气公司凭借新的产品服务、高速的业务增长和极强的盈利能力等成为行业的领导者，赢得了几乎所有熟悉公司的人的尊重与敬意。

整体声明

使命宣言常常被称为"整体声明"，是公司一切工作的组织原则。它告诉人们公司从事哪些业务，也告诉人们公司不涉足哪些行业。

一份优秀的使命宣言会包含行动措施和测量标准。你必须制订行动计划来实现使命，同样的，你还必须设立明确的测量标准，才能确定自己距离完成使命还有多远。

以下是使命宣言的一个简单模板："我们的使命是（描述你想要如何改善客户的工作、生活），将通过（你会采取的行动措施）来实现这个使命，并通过（插入如成功完成使命，将会实现的确切数字）来衡量我们有多成功。"

例如，我们的使命是成为市场上最好的（产品或服务）供应商，极大地改善客户的工作和个人生活。我们将不断提高产品质量，努力开拓市场，更好地为新老客户服务。并希望每年提升 20% 的销售额和利润。

清晰明确

一份优秀的使命宣言应该清晰明确、内容具体，

第六章
明确企业使命

并包含测量标准,能被每一个对实现该使命负有责任的人所理解和支持。若以此标准进行衡量,大部分公司的使命宣言都是含混不清的。它们没有给员工提供明确的指引和引导,没人知道使命该何时实现,是否已经实现,距离使命实现还有多远。

在这个瞬息万变的时代,时常重新审视使命宣言是个好方法。因为使命宣言的部分或全部内容有可能已经过时,你提供的产品和服务、面对的市场、客户和技术可能已经落后于时代需求,你的使命宣言必须紧跟时代需求。

重新审视和修改使命宣言有时会改变公司的发展方向。新宣言会带来新的决策、新的战略和新的行动。你的价值观,如"正直、质量、为客户提供优质服务"等,以及"成为行业中最棒的公司"的

愿景，可以保持不变，但是使命要紧跟现实及时更新、调整。

正确的密码

确定使命宣言就像为密码锁找寻合适的密码。一旦你找到正确的密码——以正确的顺序转到正确的数字，锁就会打开。真正的战略就是描述自己如何一步步完成使命的过程。

第七章
创造未来

战略是带领公司走向理想未来的道路。战略规划就是从当前你所处的位置展望理想未来,然后专注于为创造这个未来需要做出的改变。

明确自己的业务

你在决定去往何处之前,必须完全清楚自己当下所处的位置。

你可以从这个问题开始:此刻你正在做什么生

意？从产品或服务如何真正改变或改善客户生活的角度，把它清清楚楚地描述出来。

很多人其实不大清楚自己到底在做什么生意。在铁路的发展史中就有一个这样的例子。起初，很多铁路公司都认为自己是在经营铁路，可实际上它们所做的是提供运输服务（人、货物）。

美国大部分的铁路公司最终走向破产或几乎破产，因为其大部分的人员运输服务和货物运输业务被货车、飞机和轮船所取代。

而加拿大太平洋铁路公司（Canadian Pacific Railway）则是反例。这家公司很早便意识到自己所做的生意是提供运输服务。鉴于此，公司扩张为加拿大太平洋航空公司、加拿大太平洋货运公司、加拿大太平洋船运公司和其他方式的运输公司。不管

第七章 创造未来

你要运输什么货品（哪怕是你自己），这家公司都能为你提供解决方案。

查看数字

你要对自己和公司业务当前的处境进行分析。你现在处于什么位置？销售的是什么产品？利润率是多少？价格和成本是多少？公司的财务情况如何？销售的是什么产品？利润率是多少？价格和成本是多少？

首先，查看一下你的销售数字，并将其按产品、产品线、服务、市场和分销渠道进行拆分。明确你的经济实力怎么样，弱点有哪些，以及可以利用的资源有哪些。

然后，查看一下你的销售目标，并与销售结果进行比较。销售结果是否符合你的期望？销售趋势是上升还是下降？如果趋势是下降的，你要怎么做才能扭转？如果趋势是上升的，它会继续保持吗？你的价格和成本是多少？

最后，把焦点放到利润和利润率上。提出同样的问题：它们符合你的期望吗？它们的趋势是上升还是下降的？

▶ 你获得的回报是什么？

你要对自己的产品和服务进行分析。哪些销售得好？哪些利润最多？哪些销售状况很糟糕？哪些正在亏钱？许多公司会掉进这样的陷阱：销售或提

第七章 创造未来

供深受客户喜爱但却在亏钱的产品或服务。公司的目标不是销售量,而是利润。如果销售的每个产品或服务都亏钱,那么销售得越多则亏损的钱越多。

同时,你还要查看一下销售获得的回报,包括投资回报和股本回报,了解回报是上升了还是下降了,并判断自己的决定是否正确。

客户为王

你从客户身上获得的回报怎么样?如果你可能在某个产品上亏钱,也可能在某些客户身上也亏钱,那么这些就不是你的目标客户。你要清楚,现在哪些客户让你挣的钱最少,哪些客户让你挣的钱最多;你要抛弃让你挣钱最少的客户,留住让你挣钱最多

的客户。

此外，你要知道：什么会让客户开心？最佳客户为什么会不停地回购你的产品？你为他们所做的事情中，他们最喜欢的是什么？了解客户最满意什么是非常关键的。

同时还要查看客户不喜欢的是什么，在这方面一定要对自己非常诚实。例如，客户抱怨最多的是什么？到底是因为自己没有提供什么导致客户和潜在客户流失？

你的市场地位

要了解你的公司在市场中的地位就意味着要认识到自身的优点和缺点。你的公司做得特别棒的是

第七章 创造未来

什么？弱点在哪里？在市场中处于什么地位？谁是主要的竞争对手？相较于竞争对手，自己排在第几位？谁是次要的竞争对手？

同时还要知道，你的竞争对手在哪些地方做得对？他们的优点和弱点在哪里？自己在哪些地方做得比他们好，哪些地方做得比他们差？

把所有细节都捋一遍，同样，你一定要对自己非常诚实。美国国际电话电报公司（International Telephone and Telegraph Corporation，简称ITT）的前总裁哈罗德·杰宁（Harold Geneen）曾经说过："商业领域中最重要的因素是事实。而且最重要的是真实而深层的事实，而不是显而易见的事实、假定的事实或希望的事实。事实从不说谎。"

商业战略
BUSINESS STRATEGY

▶ 你的目标是什么?

你一旦完全了解当前所处的位置,下一个要审视的问题就是未来的目标。

查看一下当前的趋势,判断一下:你的公司正往哪个方向发展?两三年之后它会发展到什么水平?公司的生意是会增长还是下滑,抑或继续保持当前的状态?未来肯定不同于现在,如果公司沿着当前的趋势走下去,结果会如何?

▶ 考虑各种可能性

你要不断地问自己:面对哪些可能性?你要采取哪些不同的行动,或者进入哪些可以改变公司的

第七章 创造未来

新领域？你会生产哪些新产品，提供哪些新服务，采用哪些不同的方式，面向哪些不同的市场？

构建毫无限制的理想状态

然后你要提出这个问题：公司应该是什么样子？也就是说，在3~5年内公司应该发展成什么样子？如果你可以挥动魔法棒创造一家完美无缺的公司，如果可以毫无限制，它在未来会是什么样子？

有一次，我为一家价值数十亿美元却深陷泥潭的公司组织战略会议。新的竞争环境和新的政府管制让公司陷入混乱，很多人被辞退，公司业务缩减，股东减资。我采用了一种我称之为"理想化"的方法来展开会议，要求参加会议的公司高层管理者去

商业战略
BUSINESS STRATEGY

构建一个"5年幻象"。这种方法的目的是让公司高层管理者不要专注于现在,而是聚焦理想的未来。

"5年幻象"法会帮助你构建一个理想的未来。为了把这种幻象详尽地构建出来,你要向自己提出一系列问题:公司规模会变多大?公司会拥有怎样的声誉?你会提供哪些能让你在市场占据主导地位的产品和服务?哪些人会为公司工作?你会具有怎样的领导力?公司的盈利水平怎么样?公司的股价有多高?

当我与这家深陷泥潭的公司的高层管理者进行此项练习的时候,我们最终提出了27条不同的描述,然后将其转化为清晰明确的目标。这些目标包括:高盈利水平、良好的市场声誉、高股价、高增长率、顶级领导力、细致周到的客户服务、良好的职场环

第七章 创造未来

境等。每个参加会议的高层管理者都声称他们相信所有的这些目标将在 5 年内实现。

▶ 终点思维

一旦你清晰地描述出理想的未来,就可以回到当下,从现在开始决定你必须采取哪些行动才能将展望出来的理想未来变成现实。这就是所谓的终点思维法。你还要将实现"5 年幻象"所需的一切列出清单,这就是制定战略规划的起点。

第八章
战略的变量领域

当为未来制订规划的时候,你要考虑这些基本战略变量:产品与服务、客户、市场、资金、人员、技术和生产能力。依据战略目标,这些变量有可能保持现状,也可能发生改变。因此,你要具体思考以下问题。

▶ 产品或服务

在这一领域,你要考虑以下问题:你计划提供哪些产品与服务?它们如何改变或改善客户的工作、

第八章
战略的变量领域

生活？是什么让它们优于其他公司的产品与服务，成为目标客户的最佳选择？

▶ 客户

谁是真正的理想客户、完美客户？你的理想客户群的结构特点是什么？客户的年龄、受教育水平、收入、职业和家庭组成状况如何？

客户的消费心理是怎样的？客户的购买目标是什么？他们希望获得什么结果？他们在购买产品或服务时为什么犹豫不决或感到恐惧？

他们为什么要使用你的产品或服务？怎样使用？你的产品或服务如何改变或改善他们的生活？

过去是先确定好自己的产品或服务，然后再去

商业战略
BUSINESS STRATEGY

寻找客户。可如今，很多时候，公司要先确定客户和客户的确切需要，然后根据其需求来开发产品或服务。公司的发展方向从"产品开发"转向"客户开发"，有的甚至会等到客户同意以某个价格购买某种产品之后，才去开发这种产品。

市场

你要进入哪些市场，打算如何打入市场？你追求的是地域市场[1]，横向市场[2]，还是纵向市

---

[1] 在一定区域内，消费者能够有效地选择各类竞争产品，供应商能够有效地供应产品的市场。——译者注
[2] 指一个拥有许多行业的市场。——译者注

第八章
战略的变量领域

场[1]？在这些市场上，谁是你的竞争对手？你需要如何宣传、做推广和销售，或者说如何打入这些市场？

▶ 资金

你有多少钱？你需要投入多少钱才能实现和保持盈利？

▶ 人员

从技能、能力和胜任力的角度看，谁是你需要

---

[1] 指某个特定行业或某群企业，行业中的企业用类似的方法开发和营销类似的产品或服务。——译者注

的关键人员？你要从何处、以何种方式找到并留住他们为你所用？

技术

你需要用哪种技术来创建和经营公司？当竞争对手使用更新的技术时，你认为自己当前使用的技术足够吗？你对自己拥有的技术满意吗？

生产能力

最后，你的生产能力怎么样？你最多能生产、运输、销售多少产品，提供多少服务？产品的生产、销售、运输、安装和服务成本分别是多少？

第八章
战略的变量领域

设定明确的目标

几年前,《财富》(Fortune)杂志曾经刊登过一项研究。这项研究的目的是找出那么多总裁被"财富500强"公司辞退的原因。最后得出的结论是:缺乏执行力。每个公司聘用总裁时,都对其有着明确的绩效期望。当他们无法实现公司的目标时,就会被扫地出门。

每个月,你都会听到或看到大公司的高管因没有实现所承诺的主要销售和盈利目标而被辞退的消息。而他们在任职期间没有实现目标的一个主要原因往往是因为对目标缺乏清晰的认识。

想要成功地引领公司的战略,就要向激光一样指向明确,直指目标。如果你对公司的战略目标没

有绝对清晰的认识,就无法执行战略。

你公司或你负责的项目的主要目标是什么?你打算怎么做?打算如何实现它?有没有更好的方式?你的目标是否以当前形势为基础?你设定目标的前提是什么?倘若你设定目标的前提错了怎么办?那么你要怎么做?

正如彼得·德鲁克说过的:"错误的前提是失败的根源。"

你要始终以开放、客观的心态来面对自己做错事情的可能性,你的商业模式可能已经过时。在某个时刻,就某个或多个领域做出的决定看似很好,但到了今天,它可能已经不再适用。

第九章
驱动力：战略的关键

驱动力概念会帮助你更加清晰地思考公司当前和未来的状态，以及你所做的一切。

"驱动力"一词是战略中的重要概念，由商业顾问约翰·齐默尔曼（John Zimmerman）和本杰明·特里戈（Benjamin Tregoe）提出。一旦使用了"驱动力"的概念，它就会成为你所有规划均要围绕的量化原则。

可供选择的驱动力有很多，但总有一种会成为对你的公司而言最重要的组织原则。

此外,还有一点很重要。例如,某个公司以产品为驱动力,但这并不就意味着它不能再去关注客户需求和客户满意度等其他领域。而是无论何时你在思考公司、客户和财务结果时,驱动力都应是思维的重点。

以产品或服务为驱动力

以产品或服务为驱动力会决定你的市场范围和产品种类。假如你经营的是快餐店,那么驱动力就是产品。因此,你的战略及公司的一切都要聚焦于以尽可能多的不同方式向更多顾客销售更多产品。

如果你经营的是会计师事务所或法律事务所,那么驱动力就是服务。于是,你的目标是以尽可能多的不同方式向更多客户提供更多、更优质的服务。

第九章
驱动力：战略的关键

🔹 以市场需求为驱动力

当你明确要进入某个特定的市场时，市场需求就成了你的驱动力，于是你要问自己："我的市场需求和要求是什么？"然后据此为这个特定的市场开发产品或服务。

美国全美法律事务所供应公司（All-State Legal Supply）是我的一个客户。它是一家非常优秀的公司，清楚地了解自己的运营重点——为法律事务所提供全方位的服务。它能满足一家运作高效的法律事务所从创业开始到结业的几乎所有需求，包括家具、电脑、软件、文具和办公用品，必要的时候甚至还会提供临时服务。

商业战略
BUSINESS STRATEGY

以技术为驱动力

当以技术为核心创建公司的时候,技术就成了你的驱动力。以技术为驱动力的一个最典型的例子是苹果公司。它不生产冰箱,也不卖杂货,只生产具有技术优势的产品,从而使其在市场上优于竞争对手。

不管你身处电脑行业,还是软件、互联网营销、通信设备等行业,你提供的产品或服务、服务的市场,以及开发的新产品都取决于技术。

以生产能力为驱动力

在这种情况下,生产能力将决定所提供的产品

第九章
驱动力：战略的关键

和服务，决定你瞄准的市场。例如，家具生产公司的驱动力是创造更多更好的家具，并能在更大的市场把产品卖给更多客户。

瑞典的宜家家居公司（IKEA）就是以生产能力为驱动力的完美例子。它所做的就是在不断扩张的市场上为越来越多的顾客设计、生产品种多样、容易安装、容易运输的家具。公司配备了生产家具和家具零部件的各式设备——车床、钻头和装配线等。生产能力决定了它能进入多少个不同的市场，生产哪种家具。

以销售方法为驱动力

在这一维度，你所采用的销售方法将决定你的

产品或服务以及公司的一切行动。销售方法包括零售、批发、直邮销售、互联网销售、直销或生产商代销等。

在今天我们所处的时代世界上许多行业提供的产品都是数字化的,都可以通过互联网进行销售并在线送达。采取的销售方法是与潜在客户接触,向他们提供以知识为基础的数字产品,这就决定了这类公司的整体构架,从产品开发到技术要求、人员配备、办公设施、营销、销售、定价、客户关系以及其他的一切。

以直销为例。这种销售方式会决定你提供的产品或服务,以及供应方式。例如,美国化妆品公司雅芳公司(Avon)通过销售人员直接向单个女性或女性群体介绍化妆品来进行销售。这种面对面的直

第九章
驱动力：战略的关键

销方式决定了公司的整体构架，不仅决定公司要提供什么新产品，产品如何定价、销售和送达，还决定公司的整个佣金模式和财务结构。

以自然资源为驱动力

对于像美国的埃克森美孚公司（Exxon Mobil）、惠好公司（Weyerhaeuser），荷兰的皇家壳牌公司（Royal Shell）和英国石油公司（British Petroleum）这样的公司来说，不管它们经营的是石油、汽油、木材，还是铜、金、铁等各式金属，其驱动力都是源自这些自然资源的开采、加工、运输（水运与陆运）等环节。自然资源所在的地点和使用这些资源的客户或市场所在的位置会决定公司运营的方方面面。

商业战略
BUSINESS STRATEGY

▶ 以规模或增长为驱动力

对于很多公司来说,它们的驱动力来自自己设定的目标:在销售与盈利上取得增长。多年以来,日本丰田汽车公司(Toyota)一直以规模或增长为驱动力。这家汽车制造商以取得市场份额为目标。随着市场份额变大,在生产规模效应的作用下,其生产成本得以下降,盈利能力得以提升。

▶ 以回报率或利润率为驱动力

还有很多公司,尤其是那些拥有多种不同产品或服务线的公司,会以回报率或利润率为驱动力。它们会在可以赚取丰厚利润的前提下购买或创建新

第九章 驱动力:战略的关键

公司,或者进入新市场。

多年来,美国家居用品公司(American Home Products)一直坚持此战略。这家公司面向个人、公司、商铺和家庭提供多种不同的产品和服务,且只有一个简单的驱动力:销售的每一件产品必须能产生20%的税前回报率。如果某种产品无法达到这个目标,那么在回报率或利润率这一因素的驱动下,将很快被抛弃。

明确你的驱动力

驱动力的选择对公司的未来至关重要。你要清楚你的驱动力是什么,并能分辨出哪一种驱动力是重要的,哪一种是第二位的。

商业战略
BUSINESS STRATEGY

如果你打算集中资源和精力，致力于将公司的销售能力和盈利能力最大化，那么你必须选择一个单一因素作为公司的驱动力，但这也并不是说其他因素不会再是公司的发展动力。这只意味着你所选择的驱动力会成为公司的首要组织原则。

第十章
战略规划的四大原则

在商业世界中,有四个战略规划原则是永不过时的。它们中任意一个的成败都会导致公司的经营结果发生巨变,成功则结果更好,失败则结果更糟。对于这一点,你可以在我的《市场营销》(*Marketing*)一书中看到我对这些原则进行的详尽讨论。

专业化

第一个原则是"专业化"。如今,我们生活在一

个专业化的世界，我们只需在少数几项工作中做到出类拔萃。因此，你对特定领域的选择会很大程度上决定公司的未来。

你可以专门经营一种产品或服务，也可以专门服务于一个客户群体，还可以专门开发某一个地区的市场。如果你专门经营一种产品或服务，这种专一领域很容易描述出来。当有人问你："你做什么生意？"你会马上回答"人寿保险"或"整形手术"或"海鲜餐厅"或"企业软件"等。

你可以专门为某类特定的客户服务。例如，我是一位专业的商务演说家，因此专门为两类客户服务：一类是大公司的领导者和管理者，另一类是中小企业的老板，不管这些公司设立在何处。我在世界各地工作，到过67个国家演讲，撰写了70本书，

第十章
战略规划的四大原则

制作了好几百档音频、视频课程,并且全都针对领导者、管理者、企业家。这就是我的专业领域。

你还可以专门针对某个地区来经营。便利店专门服务周边的客户,而制造商则要专门满足全世界对其生产的产品的需求。不管什么情况,你必须进行专业化经营,并且清楚自己的专业领域是什么。

差异化

第二个原则是"差异化"。所有营销方法和技巧都是有差别的。所有的行业都要求你的产品或服务有别于竞争对手,这样才能使你的产品或服务优于竞争对手,客户才会认为你的产品或服务是他们更佳的选择。

商业战略
BUSINESS STRATEGY

彼得·德鲁克曾经说过:"营销的目的就是让各种销售手段变得没有必要。"苹果公司就是一个极好的例子。当它宣布推出一种新产品或一项新服务时,人们为了成为第一批购买者,会在苹果商店门口排起长队,甚至睡在街上,等待购买,根本不需要公司采用任何销售手段。因为苹果公司的质量、声誉极佳,只要新品一发布,产品就"销售"出去了。

另一个与"差异化"等同的术语是"竞争优势"。有时候,我们会认为你有别于竞争对手的地方正是你的"出色之处"。哈佛商学院的迈克尔·波特(Michael Porter)教授指出,公司需要开发让自身具有"独特附加值"的东西,从而给客户提供他们认为有价值、愿意为此支付金钱,而且其他竞争对

第十章
战略规划的四大原则

手还无法提供的产品或服务。

什么是你的竞争优势?你的什么产品或服务优于竞争对手?当客户购买你的产品或服务时,会获得什么其他公司无法提供的独特附加值?提出并回答这些问题是商业战略中最重要的组成部分。

市场细分

第三个原则是"市场细分"。许多市场营销专家认为如今的市场营销就是市场细分,也就是要去发展在你的专业领域里最欣赏你的产品或服务质量的那部分客户。

在本书的第八章我们提到细分问题,当时提出了一个问题:"谁是你真正的完美客户?"答案就是

商业战略
BUSINESS STRATEGY

最欣赏你的专一领域、最渴望你提供的独特附加值的人。也就是说你的理想客户就是最迅速购买你的产品且最不受价格阻力影响的人。

有一种市场战略是确定你的目标市场和完美客户，然后专心致志地让你的产品或服务在相关的细分市场中成为人们的最佳选择。

如果你向当前客户销售的产品或服务不及期望，那么还有另一种战略：更换客户，那找寻或发展更欣赏你提供的产品或服务的特殊品质的新客户。

你对理想客户的描述越清晰，便越容易组织所有的广告促销力量瞄准你想要吸引的客户以及最欣赏你提供的产品的人。

第十章 战略规划的四大原则

集中化

第四个原则是"集中化"。一旦公司的经营专业化,提供的产品或服务具有差异化,市场也细分了,那么你就能将资源百分之百地集中起来,专注于最好的、最赚钱的潜在客户。

一旦开发出优秀的产品或服务,明确了会购买你的产品或服务,能给你带来利润的最佳客户,那么就集中精力、专心致志地去占领细分的市场。

第十一章
专注你之所长

在讨论军事战略的时候,我们曾经讨论过集中原则:统帅能将麾下所有军队在最短的时间内集中到同一地点,以压倒性优势取得胜利。在商业中,你也可以这样做。

小比尔·盖茨(Bill Gates Jr.)、沃伦·巴菲特(Warren Buffett)和老比尔·盖茨(Bill Gates Sr.)曾一同参加晚宴。他们聊天的时候,有位客人向他们提出一个问题:"你们可谓世界上最成功的人。你们认为,要想成功最重要的素质是什

第十一章
专注你之所长

么呢?"

他们三人停止了谈话,不约而同地答道:"专注!"

在这个变幻莫测、诱惑不断的世界里,每个人都要去关注各种各样的要求,注意力被极大地分散了。因此,在一段时间内专心致志地去做一件事绝对是获得成功不可或缺的因素。总而言之,专注是关键。

▶ 重温"二八定律"

当讨论"专注"或"集中"的时候,我们不免要重温一下"二八定律"。这个定律指的是在你所做的所有事情中,其中的 20% 会决定 80% 的结果。这个

定律是由维尔弗雷多·帕累托（Vilfredo Pareto）[1]于 1985 年提出的，也被称为"帕累托法则"。这个法则直到今日仍然适用。

因为你无法兼顾所有的事情，所以需要把精力集中在你最擅长的、具有最大潜力、最有可能为公司带来最大经济效益的少数几件事情上。所有的商务战略都围绕如何将公司的力量集中起来。你需要集中和利用一切力量，在市场上获得最大的优势。

---

[1] 维尔弗雷多·帕累托：意大利经济学家、社会学家，经典精英理论的创始人，社会系统论的代表人物。

第十一章
专注你之所长

回归核心

克里斯·祖克（Chris Zook）和詹姆斯·艾伦（James Allen）在其合著的《回归核心：持续增长的战略》(*Profit from the Core：Growth Strategy in an Era of Turbulence*)书中指出：成功的公司都是先在利润丰厚的核心市场上占据主导地位，积累了丰富的知识和经验之后，再小心翼翼地向相邻的市场拓展。

他们的观点似乎与"二八定律"不谋而合。公司80%的利润来自以极佳方式提供的20%的产品或服务，而其余80%的产品或服务只能为公司带来20%的利润。你必须一直研究自己的公司，并反复问自己："决定公司80%价值的那20%是什么？"

商业战略
BUSINESS STRATEGY

你利润最丰厚的产品和服务是什么？现在这些产品和服务是什么，以及明天又是什么？现在谁是你的最重要、最有价值的客户？明天谁又是你的最佳客户？你要怎样吸引和留住他们？

现在，我们在商场上的一个最大的弱点是"分散力量"。正如杰克·特劳特（Jack Trout）[1]在《简单的力量：以简驭繁的管理之道》（*The Power of Simplicity：A Management Guide to Cutting Through the Nosense and Doing Thing Right*）中所说："在商业上我们存在的最大的一个问题是，在

---

[1] 杰克·特劳特：美国特劳特咨询公司创始人及前总裁。全球最顶尖的营销战略家，定位理论和营销战理论的奠基人和先驱。

第十一章
专注你之所长

太多不同的市场以太多不同的价格向太多客户提供太多的产品和服务。"

当史蒂夫·乔布斯(Steve Jobs)于1996年回归苹果公司的时候,公司正在生产104种不同的产品,且深陷财务危机,现金仅够再维持运营90天。乔布斯做的第一件事就是宣布尽快把104种产品中的100种砍掉,把公司的财务资源和人力资源(工程师和软件开发程序员)解放出来,集中到"下一件大事"上——开发iPod。

接下来发生的一切众所周知。短短几年内,苹果公司成为世界上最有价值的公司。

可见,集中力量,专注于最大的机会,专注于拥有最丰厚利润潜力的领域,一直是取得商业成功的关键。

商业战略
BUSINESS STRATEGY

差异化能力

美国西北大学凯洛格管理学院（Northwestern University's Kellogg School of Management）的一项新研究显示：把力量集中在你擅长的事情上——研究人员将你所擅长的事称为"差别化能力"——是获取竞争优势的新途径。

过去，那些引领市场的公司都会采用简单的"变大变强"战略：他们累积资产，利用自身的规模和能力来取得较强的规模效益，然后在自己广阔的经营范围内寻求短期增长和短期利润。

而今天，变大变强的聚合力量不再是公司的最佳战略。2014年8月，凯洛格管理学院的研究人员在《商业与策略》（*Strategy + Business*）杂志中写

第十一章
专注你之所长

道:"这些公司不再遵循传统的策略,在自己力所能及的范围内寻求短期利润或短期增长,而是意识到它们的价值是通过差别化能力实现的,也就是它们一直擅长的事情。"

亚马逊公司(Amazon)有三个优势:世界一流的信息技术、产品分配和自动客户推荐系统,这些也正是其发展壮大的支柱。

苹果公司也有三个优势:洞察顾客的需求、对顾客友好的设计和技术整合。技术整合指的是让不同产品协同工作的能力。例如,你的 iPhone 可以连接你的 Mac 一起工作。凭借这三个优势,苹果公司对人们用手机和听音乐的方式进行了革新。

在今天的市场上,你要想取得很大的成就,应该把时间、金钱和资源集中到何处?不管你的答案

是什么,别拖延,现在就动手。正如温斯顿·丘吉尔(Winston Churchill)所说:"当有机会取得胜利的时候,如果不采取行动,你很快就会在毫无胜算的情况下被迫做出回应。"

第十二章
进入相邻商业领域

公司发展的最佳战略是把力量集中在其擅长的事情上，基于自身的核心能力专注于少数几项核心业务。但公司要想成长壮大，还需要把业务扩张到核心业务之外。然而，许多公司掉进了业务扩张的陷阱，其扩张的业务太过偏离核心业务。它们缺少经验，没有能力，也无法取得成功。

克里斯·祖克在其另一本著作《核心之外：在不放弃根本的情况下拓展市场》（*Beyond the Core：Expand Your Market Without Abandoning Your*

Roots）中提到公司需要通过进入相邻领域——基于公司核心业务能力的领域——来实现自身的成长。

三条真理

沃尔玛公司（Walmart）开设山姆会员批发折扣店，美国航空公司（American Airlines）开发Sabre航空自动订票系统，耐克公司（Nike）从卖鞋转到卖运动服饰，美国企业租车公司（Enterprise Rent-A-Car's）的业务从汽车租赁扩张到汽车销售……这些都是公司进入基于其核心业务能力的相邻领域的例子。

可并非所有进入相邻领域的例子都是成功的。例如，沃尔玛公司曾经想把业务扩张到传统商店领

第十二章 进入相邻商业领域

域之外，凯马特公司（Kmart）曾经也想进入相邻领域——从零售商店扩张到书店，进而扩张到运动用品商店，但它们都失败了。

依祖克书中所言，如果公司遵照以下三条真理行事，相邻领域战略就会成功：

（1）基于公司最强大的核心业务。

（2）这些领域具有可重复的特性。

（3）这些领域有强大的客户群体。

在相邻领域战略中，重复性是最重要的因素。耐克公司总是以同样的方式不断地进入新的运动服饰领域。大多数情况下，重复性基于对客户的洞察，这种洞察可运用于不同的产品或客户群体。这种洞察主要是指了解和评估与客户相关的成本和利润、与人类生命周期相关的购买行为、客户的实际购买

选择等。其中，实际购买选择战略可能会特别成功。如果客户从你的公司购买了一件产品，为什么他们不能再从这里购买第二件非常相近的产品呢？

▶ 利润池

祖克说：在你引领客户进入相邻领域的过程中，有一点很重要——这些领域都代表着一个很大的利润池。换句话说，这些领域具有强大的获利潜能。IBM的经营理念从以产品为导向转向以服务为导向，从而创建了IBM全球服务部，在这个过程中它意识到：与硬件产品的销售相比，信息技术服务更有可能带来丰厚利润。因此，你们可以考虑一下，自己尚未涉足的利润池在哪里？这与自己的核心业务是

第十二章
进入相邻商业领域

否紧密相关？

你一定要小心，别陷进看似诱人却难以成功的利润池。在向前迈步时，你要仔细考虑以下问题：

有没有错把大市场当作大利润池？

这个利润池是否已被强大的公司占领？自己有没有低估这位市场领导者的力量？

是否了解在这个利润池中能创造市场力量的根本因素？

是否错估了这个利润池的竞争在未来如何转变？

虽然行动速度很重要，可着急行事却会造成浪费。你在进军相邻领域之前，一定要做好功课，不做没有根据的假设，同时千万不要低估障碍。

第十三章
学会放弃

如果一个战略能将你的精力和时间集中在你擅长的事情上,那么它就是成功的。战略规划不仅是要根据你的战略确定要开始做的事情,而且还要确定需要停止做的事情。

请记住,在开始做新事情之前,你必须停止做一些旧的事情。如果你的日程很满,资源也已全部利用了,要想在未来做一些新的事情,就必须停下现在的日程,把时间和资源释放出来。

学会放弃,也就意味着在走向明天之前,你必

第十三章
学会放弃

须先抛弃昨天。那么，你要摆脱什么、裁掉什么、去掉什么或减掉什么呢？只有先抛弃旧领域里的一些东西，才有时间、资源进入新领域。

▶ 你应该在哪些地方缩减规模，或停止、裁掉哪些业务？

你的主要弱点是什么？也就是说，你要知道那些你永远不可能占据市场主导地位的领域是什么，即使你在许多商业领域都很活跃。因为取得市场主导地位的成本太高了，或者你的竞争对手已凭借高质量的产品和服务牢牢把握住了该市场。

要做到集中力量、专心致志，关键在于拥有远见，敢于放弃某些你无法优于竞争对手的产品、服

商业战略
BUSINESS STRATEGY

务和市场。正如杰克·韦尔奇所说:"如果你不具备竞争优势,就不要去竞争。"

韦尔奇曾为通用电气公司制定过一条革新性的战略指令:"我们要在每一个市场上占据第一或第二的主导地位,否则就要完全放弃那个市场,将力量集中于占据主导地位的市场上。"

因此,你要向前迈出的重要一步是承认自己不管在什么领域都有优点和弱点,而决定从无法取得胜利的市场中退出或抛弃这个市场往往是最明智的战略决策。

▶ 排他法则

排他法则是指,当你做一件事的时候,就无法

第十三章
学会放弃

同时做另外的事。

这就是说,不管你选择做什么,都意味着你选择不去做其他的事情,或者说,如果你选择把钱花在这件事情上,也就是同时选择不把钱花在其他事情上。有时候,选择不做非常关键,这样你才能把所有力量集中在有可能实现最大成就的地方。

▶ 管理自负

有时候,公司管理中的自负行为会导致其失败。当决策者因自负而采取了不可行的行动,或者某人承接了无法胜任的工作,或者当产品服务卖不出去的时候,这种情况就会发生。

公司出现管理自负问题的时候,常常会因为某

商业战略
BUSINESS STRATEGY

个管理者或决策者的不成熟的想法,把最好的销售人员、营销人员和最多的广告预算投入到不再成功的产品或服务上,造成资源的浪费。

有这么一句谚语:如果马已死,就下马!

这句谚语跟洞穴定律[1]是一个意思:如果你发现自己掉进洞穴里,就不要再挖。在这种情况下,解决方案不是把失败和挫折的洞穴再挖深一点,而是寻找其他出口——开始去做或尝试新的行动。

---

[1] 曾任英国国防大臣、财政大臣的丹尼斯·希利(Denis Healey)曾经说,当你掉入洞穴时,不应该再往下挖。后来,人们将其称为"第一洞穴定律"。——译者注

第十四章
零基思考法

在制定战略规划的过程中以及你的整个职业生涯里,零基思考法是你可以使用的最强大的思考方法。它来自会计学中的零基预算法。零基预算法指的是在编制预算时,不考虑以往的情况,而是以零为基础,从根本上研究分析每个项目是否有必要支出及支出数额的大小。

在零基思考法中,你可以用同样的方式。后退一步,对公司及个人生活的方方面面进行审视,然后提出问题:"如果现在我没在做这件事,并掌握现

商业战略
BUSINESS STRATEGY

在所知的信息,我还会再踏入这个领域吗?"

我们把这种方法称为"已知现在所知"分析法(KWINK)。也就是说,如果我们从头再来,并已经知道现在所知的信息,那么在所做的事情中,有没有自己不会再涉足的?在瞬息万变的时代,这样的例子在你的公司和个人生活中难免会发生,而且可能是经常性的。若须从头再来,你不会再去做许多今天正在做的事情。

▶ 警惕舒适区

成功的最大敌人是"舒适区"。人们会习惯于以某种特定的方式做某件事情,并对此感到很惬意,抗拒任何变化。这种对变化的抗拒很容易让人做错

第十四章
零基思考法

事,甚至是他们已经意识到自己错了,并应在很久之前就停下来,去尝试新的事情。

创造未来往往意味着放弃过去,新的开始也意味着旧的必须停止。当你首次涉足某个领域时,通常也意味着必须从其他领域退出来,以释放时间和资源。零基思考法就是一种让你头脑放空,自由畅想未来的重要工具。

提出关键问题

当你为公司制定战略规划的时候,首先要做的是运用"已知现在所知"分析法对公司进行系统性的检查:

(1)有没有一开始便不会选择去做的事情?

（2）有没有不会再引入市场的产品或服务？

（3）有没有不会再采用的业务流程或技术、不再进行的投资？

（4）有没有一开始便不会再聘用的员工？

（5）在已经或正在投入的时间、金钱或情感中，有没有不会再投入的？

确定沉没成本

在会计学中，还有一个"沉没成本"的概念。所谓"沉没成本"，就是已经花出去的、与当前决策无关的钱，也永远不可能再收回的成本。这就像把东西从船上扔到茫茫大海之中一样，沉下去了，再也回不来了，永远不见了。

第十四章
零基思考法

在商业上,许多费用或投入的时间、人力等都是沉没成本,无法收回。可当人们继续"往不好的东西里投入真金白银"时,问题就产生了。他们继续往某种产品、服务或某项行动中投入时间、金钱和资源,企图收回之前投入的成本,可这是不可能的了。这就是沉没成本。

你的任务就是专注于未来的机会,而不是深陷过去的问题或糟糕决策中。你的责任就是考虑未来,那是你能控制的,能为之奋斗的;而不是去考虑过去发生的事情,那是你无法控制、无法改变的。

正确或错误的决策

在充分经受时间的考验之后,你所做的商务决

商业战略
BUSINESS STRATEGY

策有多少会被证明是错误的？根据美国管理协会（American Management Association）的研究及对数千位管理者的访谈，随着时间的推移，大约有70%的商务决策被证明是错误的。这些决策中，有小错误，也有大错误，甚至有灾难性的错误。

这就意味着你在70%或更多的时间里可能在犯错。然而，70%只是一个平均值，有些人犯错的比例会高于这个平均值，也有些人会低于这个平均值。

在商业中，一个最重要的成功战略就是决定止损。当你意识到自己做了一个错误决策时，不要投入更多的金钱和资源企图弥补损失，而是要接受自己的错误，及时止损，然后运用零基思考法进行思考，再继续走下去。

第十四章
零基思考法

你怎么知道?

你怎么知道自己面对的是不是一个需要运用零基思考法的状况呢？很简单，压力！每当你感受到持续性的压力——它不会消失，无时无刻不在困扰你，常常让你夜不能寐——可能正在面对一个需要运用零基思考法的状况。

你的任务就是要鼓起必要的勇气，诚实地面对状况，去做你知道自己必须做的事情。不要搪塞自己，也不要希望情况会自动好转，或者问题会自动消失。请记住希望不是战略。

你要做的是，直面让你备感压力的状况，然后自问："如果我现在不处于这种困境中，已知现在所知，那么还会再次遇到这样的状况吗？"

如果你的答案是："不会！"那么下一个问题是："我如何才能摆脱这种困境？需要花费多少时间？"

▶ 太晚了

当你承认如果从头再来便不会再次陷入某种困境时，就已经太晚了，情况已无法挽救。于是，这就成了沉没成本。现在唯一的问题是：你要等多久才去打破这个困境，还愿意再投入多少时间、金钱和情感？

土耳其有这么一句格言：不管你在错误的道路上走了多远，赶快走回来。

在生活中，你一定要鼓起勇气，诚实地去运用零基思考法，然后遵照你得到的答案行事。如果某

第十四章 零基思考法

个人或某种产品没有成功，且情况显然不会好转，那么就马上止损，终止这种状况，然后继续前进。

你一定要把控自己的生活和未来，做出决策。但不要希望出现转机、情况会自动好转。这永远不可能发生。

第十五章
采取攻势

亚历山大大帝几乎一直在以优于敌人的军力与敌人作战。他不会采取守势,等待敌人以更庞大的军队包围过来,吞噬他的军队。为了掌控战场,他无时无刻不在思索进攻策略,思索与敌战斗。

在商业上,进攻战略则要求你不停地推出更新、更好、成本更低、更容易使用的产品和服务,引入新的技术和新的营销方法,不断改变价格战略和公司的成本结构,组建合资企业,或者与其他能帮你进入不同市场的公司和组织组成战略联盟,以战胜

第十五章
采取攻势

竞争对手。

商业模式创新

今天的商业思想中最重要的一个就是商业模式的创新。现在许多公司还试图用几年前的商业模式维持生存和发展,但已然不再适用。

你今天选择的商业模式是什么?在当前的环境下,它是不是适合你的公司?

你可以用一种简单的方法来测试自己的商业模式是否适合今天的自己。商业模式会带来销售和盈利能力持续不断且可预见的增长。如果你的公司正以健康的方式不断成长,那么使用的商业模式可能就是合适的;反之,如果你的公司不是以健康的方

式持续成长，那么也许是时候调整你的商业模式了。

▶ 更好的方式：免费产品

不要对你现在做的事情过于自信，要始终保持开放的心态，接受存在更好方式的可能性。一种有用的练习就是思考与今天你所做的事情完全相反的事情。这会让你敞开胸怀，接纳此前你看不到的所有可能性。

在《免费：商业的未来》（*Free：The Future of a Radical Price*）一书中，作者克里斯·安德森（Chris Anderson）指出：有时，为了以更高的价格销售更多的产品，最佳方法是免费赠送部分产品，以吸引客户并展示产品的吸引力。

第十五章
采取攻势

赠送？

加里·维纳查克（Gary Vaynerchuk）[1]在2014年出版的《新媒体营销圣经：引诱、引诱、引诱，出击！》（*Jab, Jab, Jab, Right Hook*）一书中展示了公司，尤其是以互联网为基础的公司，如何在进行产品销售之前，连续为客户提供三件免费产品，从而让公司的业务快速发展起来。

对于那些在第一个客户购买第一件产品就开始收费的人和公司来说，在竞争激烈的市场上通过提供免费产品或服务来建立公司的信誉和客户对公司

---

[1] 加里·维纳查克：美国著名创业企业家，四次荣登《纽约时报》畅销书作者，演说家。——译者注

的信心,这种想法似乎有点极端。可越来越多的公司正通过这种"有舍才有得"的模式创造出亿万美元的销售额。

质量领先

2013年,《公司》(*Inc.*)杂志对美国成长最快的500家中小型企业进行了研究。研究人员得出结论:为了公司的成长,投资的最佳方向应该回到以某种方式提升产品和服务的质量上。对于提高公司的销售额和盈利能力来说,这可以比你所能做的任何其他事情产生更可预测且更持久的影响。

事实上,质量就是一种进攻式营销战略。质量就是盈利战略。每个领域的质量引领者都是该领域

第十五章
采取攻势

里利润最丰厚的公司。多年以来,世界上每平方英尺(1平方英尺=0.0929平方米)销售额最高的零售店一直被蒂芙尼公司(Tiffany & Co.)和苹果公司包揽,它们都是业内公认的质量引领者。那么,你排名第几呢?

重塑自我

乔希·林克纳(Josh Linkner)在《破坏式创新——从0到1VS从1到N》(*The Road to Reinvention: How to Drive Disruption and Accelerate Transformation*)一书中展示了公司如何通过不停地重塑自我来防范进攻。这不是后备计划,而是要求你在竞争对手还没有成功地把你纳入他们的视线

之前，采取主动，改变自己的公司。如果你想要成功地重塑公司，可以遵照林克纳提出的八个原则：

（1）放下过去。常言道，覆水难收。你不能沉湎于过去的失败。而应该，从过去吸取教训。

（2）奖励勇气。当员工或经理想去尝试不同的事情时，不要惩罚他们，要奖励他们！

（3）接纳失败。如果害怕失败，人们永远都不会尝试新的东西。通过失败，你可以吸取教训以创造成功的未来。

（4）反其道而行。在前文中，我已经提过这个战略，而且林克纳也认可。逆势而为，出其不意，你会为发生的事情感到惊讶。

（5）想象各种可能性。闭上眼睛，忘记那些困难和路障——把它们抛诸脑后，你会看到什么？

第十五章 采取攻势

（6）新老更替。许多公司害怕老产品被新产品吞噬，即如果提供新产品，那么客户会停止购买老产品！这是一个陷阱，因为如果你可以用新产品替代老产品，那么你的竞争对手也能这样做。你要做的正是用新产品吞噬老产品，否则其他人也会这样做。

（7）拒绝限制。当你去完成某件意义重大的事情时，总有唯唯诺诺的人会说这事不可能完成。因此，你一定要确保不要将别人的限制施加在自己身上。

（8）目标远大。你要往前看。眼光要超越当前发生的事情，看到未来发生的事情，预测趋势。

商业战略
BUSINESS STRATEGY

▶ 大火之后

把你的公司看作一堆资源和能力。这些资源和能力可以被用来生产和销售许多产品和服务——不一定是你今天正在销售的产品和服务!

你可以想象这样一个场景。某一天早晨,当你来到公司时,发现公司一夜之间被烧光了,除了员工,其他一切都没了。

这时的你几乎要从零开始。于是你需要回答一系列问题:

你想要开始生产和销售哪些产品和服务?已知现在所知,你决定不再生产哪些产品?

你想要去接触哪些客户?已知现在所知,你决定不再争取哪些客户?

第十五章
采取攻势

你想要把哪些员工带到新公司,不太想留用哪些员工?

现在你已经处于这种"从零开始"的思维模式中。不要等火烧起来,立刻采取行动,用破坏式创新的方式让竞争对手措手不及。

第十六章
灵活则胜

我在本书的第二章谈过机动原则。在商业上,这个原则指的是不管环境如何变化,要保持灵活变通,才能迅速创新和做出反应。

机动原则要求你对可能发生的事情不停地做出预测,备好后手。你要做好准备,必要时能在市场中前进、后退和侧移,永远都不要陷入只有一种计划、无法变通、毫无选择的境地。你要随时调整计划,寻找新方法。

第十六章
灵活则胜

避免限制性思维

在高加米拉战役中，大流士三世只有一个计划。那就是用战车进行突破，让马其顿军队陷入混乱。然后他的队伍可以往前推进，包围乱作一团的马其顿军队，并将其一举歼灭，由此取得胜利。可当战车无法发挥作用的时候，大流士三世没有后备计划。这也让他失去了当时世上最庞大的帝国。

而亚历山大大帝却为大流士三世战车突破他的防线制订了后备计划。他的军队已做好准备，会迅速调整为纵队队形，让出一条宽阔的道路，让战车由此进入军队后方，并在那里布下了接应的队伍等着将敌人歼灭。

商业战略
BUSINESS STRATEGY

准备应急方案

荷兰皇家壳牌石油公司是世界上经营非常成功的公司之一。它在上百个国家开采石油和天然气,并通过管道将其运输到船上和炼油厂里。公司拥有向市场运输燃料的船只,甚至在公司有业务的其他国家中到处建立加油站,通过油泵将成品卖给汽车司机。

壳牌公司也因它的"应急方案"而著名。多年以来,这家公司为世界上任何地方可能发生的且会影响其运作的任何挫折或紧急情况制订了600多套应急方案。不管发生什么状况、战争、革命、恐怖袭击、航线关闭、政府垮台,还是在某个特定区域与政府签订的合同被废除,石油、天然气、市场的

第十六章
灵活则胜

供应链被截断,壳牌公司都有预案。

灵活运营

过去,业务增长战略往往只有一个方向:扩大规模。这是实现生产力最大化和降低单元成本的最佳途径。一般来说,规模越大越好。要运载等量的货物,用 10 辆 100 吨自卸货车需要 10 名驾驶员,而 100 辆 10 吨自卸货车则需要 100 名驾驶员。所以,尽快配备百吨的自卸货车吧!

这是一种老式的思维方式。可根据美国哥伦比亚大学商学院盖瑞特·范·莱津(Garrett van Ryzin)教授和哥伦比亚大学工程与应用科学学院克劳斯·拉克纳尔(Klaus Lackner)教授的研究,这

种老式的思维方式可能不是效率最高的。自动化通信的新技术正在改变规则。现在，大量的小单位可能比少量的大单位更好，因为小单位的灵活性更强。

有这样的一个例子。氯气在工业中有着广泛的应用，但它不易运输，十分危险。依据老规则，制造商可以通过建造大型的化工厂，节省劳动力和其他方面的成本，从而实现规模效应。但是到了今天，自动化技术使得这些工厂的劳动力成本处于很低的水平。同时，工厂数量较少就意味着需要进行较长距离的运输，也就提高了危险程度。所以，制造商不去建造大型的化工厂，而是去建很多通过自动化运作和远程监控的小型化工厂。

第十六章 灵活则胜

▶ 变小

盖瑞特·范·莱津和克劳斯·拉克纳尔认为在工业生产中拒绝老式经济规模战略有以下好处:

(1)减少风险。如果不采用老式的经济规模战略,发生大规模的工业灾难的可能性不大。

(2)财务上灵活。大工厂的生产能力常常无法全部释放出来。可以先建小工厂,在需要的时候,再建另一家小工厂,以充分发挥生产能力。

(3)运营上灵活。如果需要暂停运营,关掉小工厂比较容易且损失较少。如果只有少数几个大工厂,就只能让它们继续运行。

(4)地理位置上灵活。可以把一些小工厂分散到靠近供需源的地方。

商业战略
BUSINESS STRATEGY

当行业中的其他人都认为企业规模越大越好时，企业规模变小、增加其灵活性是你战胜竞争对手的主要方法。

第十七章
创造新市场

创造新市场是一个能为你带来丰厚回报的冒险战略。创造新市场的最佳方式是先找出问题所在。那些没有解决方案的问题，其解决方案就是新的市场。今天马路上到处都是小型货车，可不久前，小型货车市场并不存在。美国克莱斯勒汽车公司（Chrysler Corporation）意识到耗油多的大面包车将会越来越不受欢迎，便看到了小型货车存在的必要性。于是，一个利润非常丰厚的新市场就这样诞生了。

商业战略
BUSINESS STRATEGY

四条路径

彼得·梅尔（Peter Meyer）在《创造并主导新市场》（*Creating and Dominating New Markets*）一书中提出了创造并占领新市场的四条路径。

第一条路径：为未知客户群创造一种新产品。 这是风险最大的路径。你要为新的客户群创造新的产品。然而，对于该把哪些人当成目标客户，你既没经验，也没相关知识，需要从头开始。不过，若切中问题的要害，不是没有成功的可能。

第二条路径：为已知客户群创造一种新产品。 与第一条路径相比，第二条路径有一个大优势，即对于要培养的客户有一些经验，对他们有所了解，具体来说，你和这些客户的过往有交集。你知道或

第十七章 创造新市场

了解他需要什么或将会需要什么。

第三条路径：为已知客户群创造一种已知的产品。这貌似是最容易的路径，可实际上，这条路相当难走，因为要创造一个新市场，你必须打破过去所做的一切。公司创造的常常不是真正新的市场，而只是现有市场的变形市场——基本上是现有市场的延续。

第四条路径：为未知客户群创造一种已知的产品。在这种情况下，就像第二条路径一样，优点是你对产品有所了解，不过还有创新的空间。因此，风险会有所降低。你知道产品拥有一定的客户，所以它能拥有新客户的机会就更大。

在创造新市场的过程中，最重要的一点是寻求客户的反馈。目的不是咨询他们对产品有什么看法，

而是要问他们有什么问题。如果你咨询他们对产品的看法，他们就会把问题嵌入产品之中。然而，你的目标是要为新产品寻找想法。因此，你要让客户描述他们认为的问题的最好解决方案是什么。这些解决方案会指向新的产品或服务。

▶ 成功的关键因素

创造新市场的战略不适合那些想赢得很轻松的人。可依彼得·梅尔所言，如果你遵照以下这些指引，成功的机会会有所增加：

让客户来驱动：客户驱动的市场比供应商驱动的市场成功率更高，因为客户通常知道自己想要什么，不想要什么。

第十七章 创造新市场

选择更容易的路径：如果可能的话，请选择第二或第四条路径（已知的产品或已知的客户群），从已经有所建树之处开始创造市场。

对机会进行选择：并非所有机会都值得抓住，尤其是如果它正在分散你的努力。

建立跨职能团队：新市场永远不会落入单个职能部门的职权范围，所有人都要介入其中。

蓝海战略

蓝海战略的概念是W.钱·金教授（W. Chan Kim）和勒妮·莫博涅教授（Renee Mauborgne）提出来的。他们认为：很多公司在竞争激烈的市场海洋中厮杀，（教授们比喻）血腥的竞争让这片海洋

变成了红色。今天所有的行业都处于"红海"之中。事实上，更好的战略不是应对竞争，而是创造自己的新市场：找到一片没有竞争对手的"蓝海"。

对于如何找到蓝海，两位教授在他们的著作《蓝海战略》（*Blue Ocean Strategy*）中提出了不同的工具和概念。这个战略的核心是"价值创新"，两位教授将之描述为"同时追求差异化和低成本"。差异化是客户所需，在客户的眼中，价值等于产品的"效用"减去它的价格；低成本则是公司所求，对于公司来说，价值等于价格减去产品的生产成本。

价值创新就是通过行业竞争因素来降低成本，又通过创造非行业竞争因素来提升价值。例如，当日本佳能公司的竞争对手售卖耐用的大型复印机时，佳能公司想改变买家，但没有将注意力倾注于公司

第十七章
创造新市场

的原有客户身上,而是决定把精力集中在购买复印机的个人身上,比如行政助理。于是,公司的关键竞争因素变了,一片蓝海——台式复印机产业——诞生了。

第十八章
选择性竞争

选择战略意味着选择竞争对手。你的销售水平、销售价格、盈利能力、市场份额和公司的成长速度均取决于你的竞争对手。

在战场上,人们常说,不考虑敌人则不可能有战略——要了解敌人是谁及其可能采取的行动。在商场上也是如此。在关于竞争优势的研究中,哈佛大学的迈克尔·波特(Michael Porter)教授指出:在所有的战略规划中,你首先要考虑的因素是竞争对手对你的营销活动可能会做怎样的竞争反应。

第十八章 选择性竞争

明确竞争对手

你首先要明确，对于你的产品或服务来说，现在的竞争对手是谁或者是什么？谁是主要的竞争对手？谁是次要的竞争对手？

此外，你还要知道你的竞争对手有什么优势。既然你想让潜在客户向你支付一定的金钱，以获得一定的利益或好处，那么这位潜在客户还能在其他哪些地方花同样的金钱获得同等或更多的利益或好处？这是一个极其重要的问题。

当我和美国嘉年华邮轮集团（Carnival Cruise Lines）合作的时候，我曾问该公司高管，他们与哪些邮轮公司是竞争关系。高管们同我解释他们与其他邮轮公司不存在竞争关系。因为，随着全世界越来越多

商业战略
BUSINESS STRATEGY

的人乘坐邮轮出行，其蒸蒸日上，并且会继续增长。

但他们也并非没有竞争对手。其主要的竞争对手是"陆地度假"方式，这是"海上度假"的主要替代选项。因此，他们要做的就是让"邮轮度假"成为比陆上任何地方的度假都要棒的选择。

资金的其他用途

客户购买你的产品或服务所支付的那笔钱的另一种消费选择也是你的竞争对手。正如山姆·沃尔顿（Sam Walton）[1]曾经说过的："我们只有一个老板，那就是顾客。他们可以随时解聘我们，——只

---

[1] 山姆·沃尔顿：沃尔玛的创始人，山姆会员店创始人。

第十八章
选择性竞争

需把钱花到别处。"

你的潜在客户还能在其他哪些地方花同样的金钱获得同等或更多的益处或更大满足吗?对于有选择把钱花到别处的客户来说,你要怎样才能让你提供的产品或服务成为他们的优先选择呢?

▶ 选择你的竞争对手

你对产品或服务做出选择就意味着对竞争对手也做出了选择。通常来说,你可以通过与另一家公司竞争来改变自己的业务。竞争对手的改变会给你的公司带来翻天覆地的变化。

一旦你确定了自己的主要竞争对手和次要竞争对手,就要马上分析他们的优点和弱点,分析自己

的优点和弱点,明确自己在哪些地方容易受到竞争对手攻击,他们在哪些地方容易受到攻击。

让自己成为优先的选择

要怎样做才能让你的产品或服务比竞争对手的更胜一筹呢?相较于竞争对手,你要怎样做才能提升产品或服务的吸引力呢?你要开始做(或停止做)什么事情,才能让产品或服务比竞争对手的更吸引人呢?

在回答这些问题的时候,你一定要客观。不要只说自己比竞争对手好的地方,要坐下来,仔细地把这些问题的答案逐个写下来;然后在客户和潜在客户中展开市场调研,确认自己的结论是否正确。

第十八章 选择性竞争

唯一能真正检验结论准确性的是市场。当你看到销售和盈利稳步增长时,你才能确定自己所做的事情和所提供的产品、服务实现了利益与价格的正确结合。

第十九章
全员参与

执行战略的过程中,整个公司必须通力合作。公司各个部门的目标和流程必须协同一致,每个人都必须相信战略,了解战略对于他们的工作和行动的意义。这就是"一致行动"原则。亚历山大大帝的军队正是因团结作战而闻名,士兵们总是做好准备,在战场上彼此支持、呼应。

相反地,大流士三世的军队来自不同的部落,各自的风俗、语言、军事传统、训练水平和统领军官均有所不同——他们中的一些人甚至无法理解彼

第十九章 全员参与

此的语言。当军队受到冲击时,没有凝聚力和统一的指挥将他们团结成一股统一的战斗力量,结果注定是灾难性的。

在你的公司中,员工必须能团结一致。每个人都必须致力于让战略起作用——这意味着所有的员工必须全心全意地在实现目标的过程中彼此帮助。

因为员工们已经做好准备,要彼此支持,要全心全意地为公司做出奉献,要忠于公司,形成一支具有很强凝聚力的"作战的队伍",从而使公司在市场上相较于竞争对手具有巨大的优势。伴随着高度的团队合作,员工会全身心地投入自己的工作,变得更具创造性,更具创新性,士气也更加高涨,彼此相处更加融洽。

商业战略
BUSINESS STRATEGY

▶ 所有部门通力合作

你的公司有可能拥有不同的部门甚至是不同的子公司，如果它们之间无法协同一致，那么公司的战略就无法顺利执行。美国沃顿商学院的劳伦斯·G.赫比尼亚克（Lawrence G. Hrebiniak）教授在《有效执行：成功领导战略实施与变革》（*Making Strategy Work：Leading Effective Execution and change*）一书中阐述了你要把公司整合统一起来需承担的三种责任或者做出的三个决定。

第一，公司部门之间应该存在怎样的相互依存关系？目前，主要有三种相互依存关系。凑合性依存关系相互依存度最低，在这种状态下，部门之间鲜有协作，大多是自给自足、独立运作。序列性依

第十九章 全员参与

存关系要求不同部门之间有更多一些的协调与合作，因为一个部门发生的事情随后可能会影响到另一个部门。互惠性依存关系指的是不同部门之间存在最高水平的联系与合作，每个部门都会与群体部门进行互动，相互依赖。

第二，如何才能让部门之间共享信息、分享知识？沟通的重要性怎么强调都不为过。要做好沟通，就要了解跟你谈话的对象，确定他们理解并欣赏其所获得的知识。有的时候，沟通不畅是因为没有把技术问题完全解释清楚，有时则是文化差异。

第三，你有没有把责任划分清楚？如果大家不清楚他们要负什么责任，你就不能期待他们去完成自己的工作。如果没有责任，则没有协调与合作。

激励员工

要让所有员工参与到公司的战略中,你必须采取正确的激励措施。根据劳伦斯·G.赫比尼亚克教授的研究,正确激励措施的关键在于:这些激励措施不会打击员工的积极性(即你的激励措施是否激发员工对成就的需要?),会点燃和激发员工努力工作的动因,但不是试图去创造动因(这不管用);它们与战略目标息息相关,会对正确的事情予以奖励。

劳伦斯·G.赫比尼亚克教授还说,除了激励员工和管理者你还需要有系统性的控制措施。这些控制措施会给你提供所需的反馈,让你了解员工支持战略的积极程度。要确定这些控制措施有效运行,就要:

第十九章 全员参与

（1）奖励干活的人。

（2）正视残酷的事实。

（3）划清责任。

（4）及时获取相关信息。

（5）担负起身为领导者的责任，把正确的行为定为模范，与下属建立真诚的关系。

（6）重新审视战略，把战略弄清楚，设定与战略执行相关的目标。

让战略嵌入公司

你的目标是让战略嵌入公司。这就意味着大部分的员工完全了解、接受和支持这个战略。

有些商界领导者企图以"信息瀑布"的方式自

商业战略
BUSINESS STRATEGY

上而下将战略一层层灌入整个公司。公司的总裁会直接向高管们灌输战略思想,而高管又会向中层管理者灌输,中层管理者再直接对向他们汇报工作的更低级管理者灌输,这些人员再向监督人员灌输,直至基层员工。

可要想让员工真正接纳战略,仅靠"信息瀑布"的方式是不够的,你要直接跟他们谈。查尔斯·加卢尼克(Charles Galunic)[1]教授曾向350多家公司发送调查问卷,获得了60000份反馈问卷。结果表明公司员工不会真正地相信或接纳监督者向他们传达的战略。他们想要直接从高级管理层听到战略,

---

[1] 查尔斯·加卢尼克:欧洲工商管理学院领导力及责任领域著名教授。

第十九章 全员参与

并让高管听到自己的反馈和想法。

查尔斯·加卢尼克教授认为高管们直接与各级员工沟通十分重要,并对此给出了两个理由。第一,战略的目标和指导并不总是那么容易传达和理解,在战略逐级传达的过程中,很可能会变得更加混乱难懂、断章取义。要记住:战略的清晰度至关重要。不要让信息因层层传递而变得混乱不堪。

第二,员工会更为严肃地对待与高层管理者的对话。如果总裁花时间直接与基层员工对话,那么这些员工就会明白这个话题的重要性。

第二十章
组织构架的重要性

你的公司是如何搭建组织构架的？决策权是集中在公司高层，还是大部分集中于业务部门和子公司？公司业务——从生产到营销是分散在全世界各地，还是集中在一个地点，公司所有人员是否都在一处？

当公司领导者考虑战略的时候，会思考很多关于产品开发和营销的问题。因此公司的组织构架会对战略的成功执行产生重大影响。

沃顿商学院劳伦斯·G.赫比尼亚克教授在自己

第二十章
组织构架的重要性

的著作中阐释了将战略与组织架构联系在一起的重要性。如果公司的组织架构与战略无法协调,那么再好的战略也会失败。

因此,劳伦斯·G.赫比尼亚克教授提出了一个问题:在战略中,哪些部分将会影响所要选择的组织架构?哪些组织架构又对战略的执行至关重要?

例如,如果公司生产一种产品,其战略核心应该是如何成为低成本的生产商。在这种情况下,公司的组织架构应该服务于实现经济规模效应和经营范围效应。那么,哪些东西可以标准化?如何做才能降低成本?哪些任务是可重复的呢?

如果你的战略是成为一家专业公司,为某一特定的客户群服务,或者经营活动集中在某个地点,那么可能要将权力下放到不同的业务部门,不过还

是需要你来协调这些分散的部门。

如果你采用的是差异化战略（见本书第十章），那么你应该为高端或低端的产品构建不同的业务部门。

对于全球化运营来说，你的战略必须能够支撑全球范围的产品，与此同时，不得不考虑不同地区的不同偏好。在这种情况下，矩阵组织是一种很好的架构：水平架构专注于产品，垂直架构专注于不同的地理市场。

集中决策

大多数公司必须向自己提出以下关于组织构架的问题：公司是集中决策还是分散决策？是将决策

第二十章 组织构架的重要性

下放到业务分支或业务部门,还是将决策权留在总部?

《麦肯锡季刊》(*McKinsey Quarterly*)中的一篇文章明确提出了采用集中决策时要考虑的三个基本问题。如果对于这三个问题,你的答案都是"不",那么公司就不应该采用集中决策。但如果其中一个问题的答案是"是",那么公司就必须选择集中决策。

(1)必须集中决策吗? 换句话说,有要求吗?有些决策依法必须由总裁做出,可对于大部分的决策来说,由谁决定取决于公司自己。

(2)集中决策会不会创造重大价值? 如果你要从部门主管身上收回某些决策权,应该有一个好的经济理由。《麦肯锡季刊》上的那篇文章建议,集中的决策应该能多创造10%的收益。

（3）风险低吗？如果前两个问题的答案都是"不"，那么促使你选择集中决策的原因唯有集中决策产生的典型副作用（例如，业务部门不再提出提议，或者无法根据当地市场的需求量身定做产品）很小——风险很低。

虽然战略是由公司最高决策层制定的，但是必须适合公司里的每一个人。在上一章中，我提到最好是由公司高管直接与各级人员进行沟通交流。但在战略执行的过程中，与战略相关的集中决策的运用要十分谨慎。除非以上三个问题的答案出现"是"，否则，战略的日常执行就该交到部门主管手中。不过你一定要密切关注，以防战略因某种原因脱离轨道。

第二十一章
战略制定与执行的五个阶段

美国凯普纳—特里戈全球顾问公司（Kepner-Tregeo）创始人本杰明·特里戈（Benjamin Tregoe）及公司总裁迈克·弗里德曼（Mike Freedman）总结出了战略制定与执行的五个阶段。这五个阶段会让你很好地了解战略制定与执行的过程。

第一阶段是"数据收集与分析"。正如我此前所说，制定战略就是提出正确的问题。在这一阶段，你首先必须知道应该提出什么问题，然后找出能帮助你回答问题的数据。现在，可用的数据比以前要

多，关键在于知道要用哪些数据，忽略哪些数据。

你应该寻找有助于了解业务趋势和假设的数据，忽视其他所有数据。

当你思考公司未来的时候，应该从外部环境开始——与你相关的社会、政府、政治、技术和经济环境中有什么趋势，然后考察能影响你的主要对手——客户与供应商——的趋势，还要考察你的价值链——它在未来有何不同，还有哪些关键的成功因素，你所处的行业将会有何变化，等等。

接着，把这些与公司内部因素相关的趋势的数据放到一起，能帮助你看清哪些产品销售得好，哪些销售得不好，哪些客户和市场是成功的，以及各自的原因。

同时，也能帮你对过去的战略进行解剖分析。哪

第二十一章
战略制定与执行的五个阶段

些战略成功了,哪些没有,哪些战略得到了员工和其他股东的支持,之前的战略执行得怎么样,等等。

这个阶段的目标是获取你需要的所有数据,为后面的四个阶段打下基础。在这个阶段,你通过获取的信息提出一些关于公司内部和外部未来环境的假设,以及你需要怎么做才能成功的假设。你能够确定公司发展过程中潜在的问题,也能确定潜在的机会。

第二阶段是"制定战略",也就是说你要选择自己遵循的战略。首先,从时间框架开始。战略应该有终点,即确定你讨论的是哪个时间段的未来。

时间框架应该搭建在公司内部和外部的各种力量之上。行业的新规则或变化将会推动你在一定时间内实现战略。

商业战略
BUSINESS STRATEGY

其次是公司的基本信仰。你的战略必须依托公司的价值观和信仰执行。它会引导公司的日常行动和实践，建立公司的文化。

一旦有了时间框架，了解了基本信仰，现在你可以确定自己的驱动力了。驱动力是本杰明·特里戈和迈克·弗里德曼提出的制定战略阶段的核心。它会告诉你要提供什么产品和服务，要服务（不服务）什么市场。我在本书第九章已就驱动力进行详细的阐释，你可以再回顾一下。

一旦确定了驱动力，现在你就要让产品、服务和目标市场与驱动力相吻合。你不能同时推出新产品和进攻新市场。你的驱动力在维持你的成功领域的同时，还要确定推出新产品和进攻新市场的先后顺序。以产品或服务为驱动力意味着你拥有成功的

第二十一章
战略制定与执行的五个阶段

产品或服务。随着你将这些产品推向新市场，公司会获得成长。以市场需求为驱动力则要求你专注于市场，也许还要找到新的产品或服务。

下一步要做的是为战略设定财务目标——期待多少投资回报率，多少利润？你的收入将有多少？

这一阶段的结尾工作是制作产品、市场矩阵。矩阵顶部水平排列当前产品、改进产品和新产品，每种产品之下，垂直排列所有当前市场、修正市场和新市场。你要在矩阵中的每个框里确定重视程度（从"高"到"不适应"或"不追求"），从而得到一张战略路径图。

第三阶段是"重大战略项目规划"。在这个阶段，你要根据第二阶段制定的战略和产品、市场矩阵制作一张清单，上面列出可能的关键项目（包括现存

的关键项目，例如提升信息技术），然后对每个可能的项目进行分析和排序。这个清单就是你为战略所做的行动计划。

第四阶段是"执行战略"。这是最难的阶段。在项目执行的过程中（当你拥有更多资源时，可以增添更多项目），你一定要关注细节，所有一切都可能影响战略的执行。你要明确自己的公司是否拥有恰当的组织架构（请见第二十章），信息是否传递到需要传递的人。

在这个阶段，需要研究的一个重要问题是文化。公司文化与战略是否一致？公司的价值观与信仰是否支持你做出的关于产品、市场和财务目标的决定？对照你的绩效目标，审视奖励员工的方式是否能鼓励他们去实现你设定的战略目标。

第二十一章
战略制定与执行的五个阶段

在如拼图般的战略执行过程中,沟通是最后一块拼图碎片(请见第十九章)。如果你无法成功地与员工沟通战略,那么它就会夭折。

第五阶段是"监控、回顾和更新"自己的战略。永远不要掉以轻心。你的战略也许执行得很好,但因为你没有密切地关注而毁于一旦。你一定要密切关注,知道大家有没有实现自己的战略目标,战略项目有没有按时完成,它们有没有产生预期的结果,等等。事情会发生变化。如果是环境中的因素发生变化,你可能要重新审视你早先做出的一些战略决定。事实可能会证明你制定战略时做的一些假设是错误的。在这种情况下,你需要及时调整战略,或者转到不同的方向。

请记住,战略家的责任永无止境。

博恩·崔西职场制胜系列

《激励》
定价：59元

《市场营销》
定价：59元

《管理》
定价：59元

《谈判》
定价：59元

《领导力》
定价：59元

《高效会议》
定价：59元